龍川行

刘斯書

韩帮文 著

广州新华出版发行集团
广州出版社

图书在版编目（CIP）数据

龙川行 / 韩帮文著. —广州：广州出版社，2020.8
ISBN 978-7-5462-3083-2

Ⅰ. ①龙…　Ⅱ. ①韩…　Ⅲ. ①地方文化—龙川县—文集 Ⅳ. ①G127.654-53

中国版本图书馆CIP数据核字（2020）第137656号

书　　名　龙川行
　　　　　Longchuan Xing
出版发行　广州出版社
　　　　　（地址：广州市天河区天润路 87 号 9 楼、10 楼　邮政编码：510635
　　　　　网址：www.gzcbs.com.cn）
策划编辑　卢嘉茜
责任编辑　田宇星
特约编辑　十月八日书局
责任校对　黄焕姗　李少芳　张苹
视觉设计　十月八日书局
印刷单位　广州市赢彩彩印有限公司
　　　　　（地址：广州市白云区嘉禾街鹤边鹤泰东路工业区 C 栋 邮政编码：510440）
规　　格　787 毫米 × 1092 毫米　1/16
字　　数　190千
印　　张　18.25
版　　次　2020年8月第1版
印　　次　2020年8月第1次
书　　号　ISBN 978-7-5462-3083-2
定　　价　58.00元

序言
在行走中打开龙川这本大书

蒋述卓

行走在南粤大地上，你总会感觉到种种新奇，尤其对于那些从北方而来的客居者、移民或者旅行者而言，无论是气候、民俗、风景还是文化等都与北方有一种异质性。然而，稍作停留，又会觉得它与中原文化有着紧密的联系，是灿烂而丰富的中华文化的一部分。

韩帮文的这本《龙川行》，正是抓住这个位于粤赣边界、属文化交织地带的龙川，向我们打开了这本凝聚着两千多年历史与文化分量的大书。

与我在其他地方见到的一些“行走某地”的旅行指南或者行走攻略不同，《龙川行》不仅仅是在山水中行走的书，更多的是让我们在山水、田野、城镇的行走中领略龙川的文化，或者反过来说，它让我们在龙川的历史与文化的行走中更深刻地领略了龙川山水的特殊之处。此书开笔从龙川的霍山写起，落笔说到美食，但通读全书，却还是以文化为线串起龙川满地珍珠的。

龙川，这个“秦朝古邑、汉唐名城”，注定是最有故事，也是最有文化的地方。此书从最负盛名的佗城历史与文化切入，写出了南粤最早的移民史和文化交融史，道出了中华文化在民族的不断拓展、不断融化之中形成的奥秘。正是在南粤大地上，中原文化和当地文化的互动互融，才构建了别有特色的岭南文化。从秦汉开始，经六朝而下唐宋元明清，中原官员与文人不断南下，在或主动或被动中形成的贬谪文化，无意间推动了岭南文教兴盛，人才辈出。此书选择几位与龙川有关系的文人着笔，如苏辙、韩愈、吴潜、杨万里等，就写出了这块土地的沉重与风骨。

古代如此，步入近现代，龙川依然有着它别致的风骨和高致，那便是一般人大致知道却又了解不多的史实，此书则为我们打开了这扇似乎还遮掩着的大门，即龙川的革命史和著名的“香港文化人大营救史”。形成于红军时期的“十条守则”和“过好五关”，今日读来还是那样具有针对性和重要价值，让我们感到，尽管风云激荡、时代变迁，但我们党和革命军队形成的传统却永葆光辉，这便是我们党政策一致性和严格要求一贯性最好的见证。而“香港文化人大营救”选择龙川作为向大后方的转移之地，不仅仅是地理原因，更多的还是这里的革命环境和群众基础。这就是文化的高致，也是文化的风骨。

自然，还有那些出身于龙川的文化人，如萧殷、叶绿野、陈建中等，他们也是有高致，有风骨的。先说萧殷，他在担任《文艺报》和《作品》主编时能顶住压力，坚持自己的原则和底线，着力发表有创意的作品，并培养出一批有成就的年轻作者，没有一种正义和风骨是做不到的。还有画家陈建中，在巴黎默默地为中西文化交流作着贡献，也是极可称道的。他使我想起从翁源那个小地方走出去的旅美油画家涂志伟，涂志伟用油画的形式抒写中华文化的大历史，创作了若干幅历史大画，让北美乃至欧洲人感受到了中华文化的震撼。小地方出大人物，这其实不奇怪，只因为这地方文化积淀甚深。

文化是一种生活方式，祠堂也好，饮食也好，山歌与民谣也好，都是一种文化。在南粤，祠堂文化保持得甚好，而且有的至今尚在文化寻根中发挥着作用。龙川的祠堂也不例外，但它与南雄的珠玑巷有相同处又有不同处，它是秦代以来龙川之地百家姓汇聚的历史留存。珠玑巷更多的是客家的过渡之地，而龙川诸姓则是由军屯或者适应当时的移民政策而来，民族秘史远远大过宗族文化的意义。

龙川之风景胜迹与文化、自然与历史融合为一，总有探不完的隐秘，还待我们以此书为引深入其中。但就是此书，也引得我们有兴趣沿着古人与前辈的足迹，去探寻那一路的文化芳香。在这个冬散春去、夏来雨飞、抗疫取得胜利的时节，让我们以杨万里过龙川通衢镇时咏梅花的诗作结，来回味龙川的风骨与高致吧：

忙中掠眼雪枝斜，
落片纷纷点玉沙。
虚过一冬妨底事，
不曾款曲是梅花。

2020年5月28日

（作者为广东省作家协会主席，暨南大学文学院教授、博士生导师）

引言
理解广东，从龙川开始

01

广东文化在中华文化版图中独标一格，在广东生活或来过广东的人，或多或少、或深或浅，都能领会到广东文化的特别。但广东文化的特别究竟是什么，到底是怎么来的，想必有些人未必说得清。

如何理解广东，在文化史上有一条驳杂的脉络，可谓众说纷纭。其中，这些人物的见解颇有意思，较少为人所留意：

清初，诗人王士祯曾一度为文坛盟主，在《池北偶谈》中，他细数天下诗人时说："君乡东粤（广东），人才最盛，正以僻在岭海，不为中原江左习气熏染，故尚存古风耳。"

1935 年 1 月，胡适先生从香港到广州，游览了黄花岗、观音山、鱼珠炮台、六榕寺、镇海楼、中山纪念堂。体察一番民情之后，他禁不住感叹："中原的许多文化都变了，而在广东尚留着。"

1939 年，陈序经先生在《东方杂志》上发表了《广东与中国》，这篇文章明确指出："广东是旧文化的保存所，又是新文化的策源地，因而粤人既是旧文化的守护者，又是新文化的先锋队。"

广东在历史中，尤其是近代以来，得益于岭海地理优势，常得风气之先，并开风气之先，映现着创造性思想的源流，并对全国社会与文化格局产生了强烈冲击与影响，所以众人（包括今人）对广东的认知往往聚焦在“新文化的策源地”这一维度。当代学者殷国明先生曾撰有一本《影响中国的100个广东第一》，从中或可一睹广东的生猛与领先。诸多类似“新文化的策源地”的标签过于闪耀，以至掩盖了广东更丰富的意义，比如广东的“古风”，广东作为“旧文化的保存所”。

时至今日，广东的“古风”与“古意”依然明显，甚至在某些方面，比向以正统自居的北方还要浓烈。

比如，广东的宗祠数量与密度远胜于北方，甚至在繁华的珠三角城市，在与光鲜明亮的中央商务区一路之隔的地方，都会有一处或几处祠堂顽强且又自在地立在那里。再说广东人清明时节扫墓的盛况，也确确实实让人惊叹。城市里的广东人春节可以不回乡下老家，但逢清明，是一定要回去的，一定要给老祖宗献上几炷新香的。不得不说，这种虔敬的慎终追远的风尚，在北方早已淡薄了。至于广东各地方言中的古音、古调与古韵，也比北方保存得好，用广东方言念诵古典诗文，就能感受到古老的韵致了。

我生在长在北方，来到广东之后，对于这里“古风”与“旧文化”的现象，时常感到震撼与惊叹，对胡适先生的那句名言——中原的许多文化都变了，而在广东尚留着——感触越来越真切。

胡适先生所说的“都变了”的文化，显然是中原汉文化，而之所以“都变了”，便是源于历史上连绵不断的汉族与少数民族的文化融合。少数民族与汉族之间，既有刀光剑影、桴鼓相攻的一面，也有投桃报李、文化交融的一面，但不管从哪一方面说，中原都是首要领地。而广东因处于南方以南，距离中原遥远，再加上南岭作为天然屏障，反而很好地保护并延续了原本的中原汉文化。

所以，对于坊间所谓的“广东为文化沙漠”之类的论调，我们愈加清晰看到其背后的偏见与无知，乃至不值一驳。广东的“古风”，广东对“旧文化”的保存，往往落在生活的实处，所以更显得生动、实在、有序，这是北方所不能及的。

“广东是旧文化的保存所，又是新文化的策源地。”这是广东文化最为奇特也是最有魅力的地方，两种看似完全对立的性格，却在广东并置在一起，乃至浑融一体。窃以为，陈序经先生对广东文化的定义，最为精确、明晰、凝练。

“旧文化的保存所”与“新文化的策源地”，构成了广东文化的两大框架，是今人理解广东文化的两大维度，两者不可偏废其一，否则便会产生误读。前者主要在“南北之间”生成，指涉的是南方与北方之间的关系；后者则主要是在“东西之间”生成，牵系的是东方与西方之间的关系。当然，这也只是一种大体上的划分，两者之间会存在交互的情形，况且历史的细节要远远丰富与复杂得多。

正是在“南北”与“东西”之间，广东成为一种枢纽，并以此为中心不停运转、流动，真力弥漫、生气蓬勃。这，便是广东之魅。

02

我们不妨进一步追问：从历史的视角来看，广东作为“旧文化的保存所”，到底是怎样形成的？背后的历史逻辑又当怎样理解？或者说，广东到底是在怎样的南北框架中，逐渐形成自己的“古风”的？

到了龙川，或许可以找到理解广东这一文化个性的一个角度。

坦白说，和不少人一样，我之前从来没有想过，有一天会到龙川，这个地处粤东北的县城。更没有想过，这个位于东江上游的县城，竟然蕴含着广东文化蕴育与形成的历史秘密。

没有细致地读过几本历史书，动不动就拿历史来说事，未免太浮夸。不过，在龙川，除了望不尽的青山绿水，最撞击心灵的恰恰就是可亲可感的历史了。在龙川行走，看到那些印迹斑斑的房屋、井口、石碑、河堤、庙宇、祠堂，各种历史的大戏就一出接一出地在眼前蔓延开来。似乎再往前踏上一步，整个人就会掉进悠远的时间的河里。

龙川的历史有多悠远呢？它诞生的时间是公元前214年，距今2200多年。

倘若将这个时间点放在中原，实在算不了什么，没有太多特殊意义。文明的大幕早已拉开，夏商周更迭，百家争鸣，秦并六国，喧哗与躁动在黄河边上起了又起；神农氏、轩辕氏、尧舜禹、孔孟老庄、屈原、秦始皇纷纷登场，恰是茨威格意义上的“人类群星闪耀时”；甲骨文、青铜器、《诗经》、《孙子兵法》，无不标示着文明的路碑。

但公元前 214 年，对龙川、对整个岭南而言，意义非凡，用“开天辟地”来说，一点儿都不为过。在这之前，尤其是在公元前 219 年秦军南下之前，岭南是相对独立的地理单元，被视为南蛮之地与化外之区。大概 15 万年以前，即旧石器时代，这里就有人类活动，但文明演进非常缓慢，长期处于原始部落时期。甚至有学者明确指出，从文明进程上来说，南越比中原滞后了大约一千年。

就在这一年，秦始皇在这片土地上设立桂林、象郡、南海三郡，南越首次被划入中央版图，首次有了清晰明确的政治身份。其中，南海郡治所在番禺，即今天的广州市区。南海郡地域广阔，东南濒南海，西到今广西贺州，北连南岭，包括今粤东、粤北、粤中和粤西的一部分，相当于今天广东的大部分地区。

就在同一年，龙川县正式建立，首任县长即随军南下的赵佗，是一个年纪轻轻的河北人。有学者考证，龙川县的建立比南海郡的设置还要早十四天。所以，称龙川为广东第一古县，并非虚言。颇有意思的是，龙川这个县名沿用至今，这在全国都不多见。

不过，公元前 214 年之于岭南的意义远不止于政治建制，更值得大书特书的意义体现在文化范畴。史家吕思勉先生在《中国通史》中说：“其实政治只是表面上的事情。政治的活动，全靠社会做根底。

社会，实在政治的背后，做了无数更广大更根本的事情。不明白社会，是断不能明白政治的。所以现在讲历史的人，都不但着重于政治，而要着重于文化。”倘若按照吕思勉先生的思路，悬置军事 / 政治视角，采取社会 / 文化的视角，来审视秦征南越与秦制在南越的推广，便能看出这两大事件更深广、更实在的意义。

正是从此开始，岭南文化真正立在历史的起点，如一湍激流，滚涌向前。

03

秦征南越本身，即是中原文化第一次有组织的南下。公元前 214 年岭南建制之后，首批郡县官员开始自觉地引入中原文化，推动中原人与土著人的文化交流。

特别是赵佗，他担任龙川县令之后，有针对性地推行“与百越杂处”政策。他没有在陌生的地方孤立自己，更未实施残酷的诛杀策略，而是主动和越人交流，传授他们技术与知识，与他们进行商业往来，甚至让北人与越人通婚，尝试将各民族的文化捆绑在一起。赵佗果然治理有方，大大推进了当地文化的兴盛与社会的安定。后来，当地人为了纪念赵佗，将秦代的龙川县城改为佗城。

平定南越仅七年，秦王朝便灰飞烟灭。乱世之际，赵佗更进一步，走进历史舞台的中央。他从龙川来到广州，随后创立了南越国，成就了一番霸业。这一地方政权延续不到百年，文化意义同样远远大于政治意义，影响极为深远。

南越王赵佗理政最显著、最核心的特点，便是延续在龙川实施的一系列民族与文化融合政策，推广中原生产与生活方式，并将此推行到更广阔的区域。从龙川县到南越国，从最初的“与百越杂处”到后来的“和辑百越”，是一脉相传的历史关系。倘若将赵佗创立南越国、推行“和辑百越”的民族与文化政策，认作岭南文化孕育与发展的关键节点，那么龙川县便是先行试验地。

赵佗在龙川先行先试的民族与文化融合政策，不只是一种施政纲领，也不仅仅是一种思维方式，更关键的是，形成了广东文化生成与演进的基本框架，即前文所说的南北之间。在此之后，广东历经多次北方移民大迁徙，历史图景波澜壮阔，同时夹杂着个体生命的困顿、血泪与挣扎；到了宋元时期，汉文化最终成为广东文化的主体，广东三大民系——广府、客家、潮汕，也正是在这个基础上得以形成。

广东史地文化研究专家司徒尚纪先生，曾在《中国地域文化通览·广东卷》中作出如下论断：“从民族关系上说，广东民系主要是南来华夏族与土著越族血缘交流的产物；从文化关系来看，则主要是汉文化与越文化交流、整合的结果。”他所述及的便是岭南文化形成的“南北之间”的历史框架。毫无疑问，这一历史框架的雏形，在秦代的龙川便已形成；这一历史框架的源流，在龙川两千多年的进程中亦有完整的呈现。

所以，理解广东的形成，领会广东的“古风”，不妨从龙川开始。

所以，不妨去龙川，去赵佗执掌的广东第一古县，感知广东文化的最初脉动，寻找“广东何以为广东”的历史缘由。

04

当然，龙川之魅绝非仅仅是“古风”；龙川之于广东文化的意义，也不仅限于“南北之间”这个单一认知框架；龙川独特的地理优势与山水资源，不只是利于北人南下与南北融合，而是贯通珠江三角洲，通向海外，在一定程度上沟通东西。

天然通道便是蜿蜒五百余公里的东江水系。龙川地处东江上游，沿着东江顺流而下，即可到广州，到香港，到东南亚，到世界更远的地方。

在这条江上，既有赵陀从秦时龙川县城赶到南海郡治番禺，苏辙乘着一叶扁舟从罗浮山到北宋循州治所龙川，又有茅盾、胡风、邹韬奋等大批文化人与民主人士，在太平洋战争爆发后，从香港逆流而上，逃难到龙川，并以此为据点转移到大后方。也恰恰得益于一脉东江水，不少龙川人远渡重洋，在海外开花结果。

现今，龙川当地总人口还不到 100 万人，常住人口仅 71 万人，而海外华侨和港澳台同胞数量则高达 34 万人。一代代的龙川人走出去，一代代的龙川华侨反哺家乡，带来域外文化，不经意间拓展了龙川文化的边界。

当代著名文化人刘斯奋先生曾以“不拘一格、不定一尊、不偏一隅”来定义广东文化。我们这次要去行游的龙川，恰恰映合了刘先生的文化定义。

韩帮文

2020 年 5 月 20 日

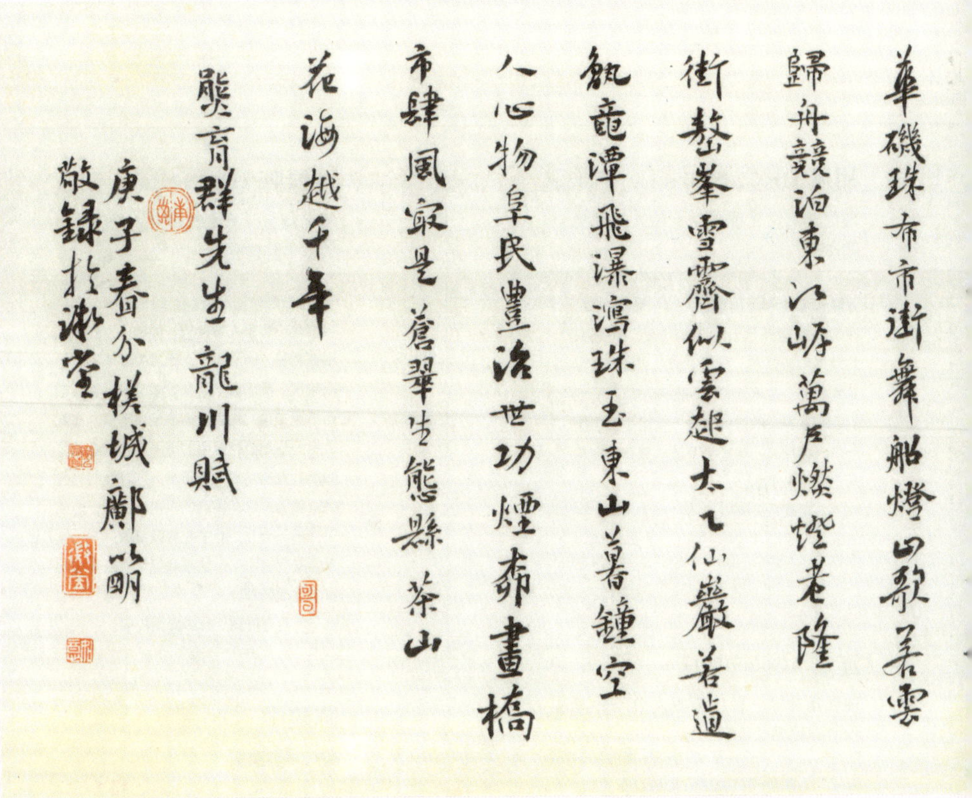

龙川赋

岭南形胜，千古一邑。百越之属，王师之城。江赣之冲，汀潮之障。自古兵家驰骋地，秦时赵佗征战场。雄兵钜万过南岭，旌旆十里飞铁骑。始皇一统成霸业，南越归秦垂丹史。

自此佗城金汤固，中县之民徙如雁。关河遥迢乡土邈，清秋几番归思收。衣补随军起炊爨，荆榛漫野家第。瘴疠之祲无惧色，湿溽之蒸以为常。椎髻之旧未曾改，崇祖之风愈甚浓。客越交杂寻常事，争讼始躁终柔仁。鸡卜之习如烟扫，阴佼之性难滋

龙川行思录

韦昌明（生卒年不详）

唐代进士，曾任唐朝翰林学士等

南越王赵佗，昔令龙川时，建治于鳌湖之东，阻山带河，四面平旷。登山望景，惟此为中。厥土沃壤，草木渐色。垦辟定规制，北距十里，东距五马峰五里，南距河里许，相对即海珠山也。凿井于治之东偏曰越井，取春秋时为南越，战国属楚为百粤，秦首置南海，即以龙川隶焉。则越之封，肇于春秋，而龙之壤，则启自越王佗也。井周围为二丈许，深五丈。虽当亢旱，万人汲之不竭。其源出山，泉极清洌，味甘而香。自秦距今，八百七十余年，其迹如新。

——《越王井记》

苏轼（1037—1101）

宋代著名文学家、政治家

鳌湖湖水漾金波，鳌顶峰高积雪多。
大乙仙岩吹铁笛，东山暮鼓诵弥陀。
龙潭飞瀑悬千尺，梅村横舟客家过。
纵步龙台闲眺望，合溪温水汇成河

——《龙川八景》（待考）

苏辙（1039—1112）

宋代著名文学家、政治家

九月龙山霜露凝，龙川九月气如蒸。
偶逢闰月还重九，酒熟风高喜不胜。

——《闰九月重九与父老小饮四绝（其一）》

李纲（1083—1140）

宋代抗金名臣、诗人

岭海经行涉两年，篮舆触热道龙川。
只愁青草黄茅瘴，敢意好风佳月天。
山顶蒙蒙遮薄雾，江心踮踮堕飞鸢。
劳生往返何为者，归去躬耕负郭田。

——《循州道中作》

杨万里（1127—1206）

宋代著名诗人、政治家

忙中掠眼雪枝斜，落片纷纷点玉沙。
虚过一冬妨底事，不曾款曲是梅花。

——《发通衢驿见梅有感》

吴潜（1196—1262）

宋代著名诗人，曾官至丞相

编茅为屋竹为椽，屋上青山屋下泉。
半掩柴门人不见，老牛将犊伴篱眠。

——《竹》

龙川学宫　供图 / 龙川县委宣传部

龙川学宫位于龙川县佗城镇小东门，是先前祭孔的庙宇和管理儒学的机关，亦称孔庙。据旧志记载，龙川于唐代始建学宫。现存学宫建于 1650 年，占地面积 7287 平方米，包括大成殿、明伦堂、尊经阁、五王殿等建筑。其规模宏伟，建筑各自独立，又浑然一体，显示出中国古建筑高超的工艺。

目录

龙川霍山是典型的丹霞地貌　摄影 / 夏世焱

壹

山水

霍山在龙川县北，周旋七十余里，为峰三百七十有二，最秀者曰大佛迹。秦始皇时，有霍龙字灵阳者居之，因名霍山。

——李调元《霍山》

在北回归线附近，分布着撒哈拉沙漠、阿拉伯沙漠、塔尔沙漠、墨西哥荒漠，自然条件恶劣，令人生畏。唯独中国南方，一片盎然，犹如一条苍翠的绿带，横贯在大山大水之间。

在这条神奇的绿带上，龙川似一颗夺目的翡翠镶嵌在南岭之东。这是上天的恩赐，让龙川的绿色山水自然天成，荫泽万代。

山水之于龙川，是安身之所，是立意之境；是万类之所系，是人文之所成；是风景，是资源，是观念，是象征。在山水之间发现龙川，在龙川体味山水文化。打开龙川的正确方式，便是从山水开始。

远古有山

01

平生爱爬山，遇见一座山，不论高低大小，也不在乎风景与名号如何，只要有一条山路，双脚就想往上爬。一旦上了山路，就要尽可能登上山顶，以为这是一条必须要攀的道。

爬的山多了，对山就多了一些莫名的好感，以为山蕴含着大自然深不可测的伟力。每每去一个新地方，会不经意地首先关注这里的山，并想办法挤出时间去爬山。即使爬不了山，听一听山的趣闻，了解一些山里的生活，也总是好的。

去年初夏时节，到了龙川，最直接的发现与感触便是这里纯为山区。进入龙川地界，一路目线所及，皆是绵延不断的绿色。道路两旁立着挺直的树，透过树的间隙，可以看到农田里一块块翠绿的庄稼，再往远处看，则是起伏的山峦，覆盖着浓重的植被。龙川的山很多，四处环绕皆是山，一年四季苍翠欲滴，称它为天然大氧吧一点儿都不为过。

入住酒店后，在房间里看到几本介绍龙川的书，对县境山区的介绍，一目了然。说起龙川的山，要先从南岭开始。

大概在两亿多年前，岭南还是一片汪洋，但已经堆积形成了较厚的砂岩和石灰石。侏罗纪前中期，岭南开始经历岩面抬升的过程，岩层在构造运动的作用下不断皱褶，从而形成了总体上呈东西走向的山脉，这就是南岭山脉。南岭山脉地处广东、广西、湖南、江西、福建等5省区的交界处，东西延绵约700公里，南北宽约400公里。南岭的主体通常被归纳为“五岭”，即大庾岭、越城岭、都庞岭、萌渚岭、骑田岭。

《中国大百科全书·中国地理》这样定义南岭：中国南部最大山脉和重要自然地理界线。正因为这条山岭的存在，大部分西北季风被阻挡，大量来自南海的暖湿气流被留下，才使得岭南大地的气候如此温暖湿润。在交通落后的古代，南岭既是连接南北的阻遏，又是护佑岭南的脊梁。所以，南岭之于岭南，其意义已经远不只是美丽风光与自然资源那么简单，广东特有环境与风物的形成，有赖于南岭，而历史与人文的蕴育与发展又何尝不是如此！

龙川就处在南岭山脉的东端，虽然已经偏离了南岭的五座主峰，但山区走势与南岭一脉相承，同样具有屏障的作用。并且，龙川山地早就有先民居住，同时是客家民系的蕴育地之一。

龙川县境地形以山地、丘陵为主。县境内南北高、中间低，似马鞍形，北部为中低山地貌，中部和南部为丘陵地貌。地势由西北向东南倾斜，山水相间，构筑了一处理想的人居空间。

这里是典型的山区县，不妨看一组数据：山地占全县面积的

49.2%，主要分布在北半部；丘陵占总面积的30.65%，主要分布在南半部；谷地平原占比仅为10.43%，主要分布在江河冲积地。全县属亚热带季风气候，为自然植物生长创造了良好条件，森林面积21.48万公顷，自然保护区面积2.66万公顷，森林覆盖率达70.95%。

全县海拔500米以上的山峰有43座，海拔1000米以上的山峰则有6座，分别是：

七目嶂：海拔1318米，位于河源龙川县紫市镇与梅州五华县长布镇交界处，为全县最高峰。

野猪嶂：海拔1294米，横亘在上坪、麻布岗、细坳的交界处。

金石嶂：海拔1185米，位于上坪、细坳之间。

大帽山：海拔1175米，横亘在义都、佗城和东源县的交界处。

羊里嶂：海拔1133米，位于上坪与麻布岗的交界处。

火星嶂：海拔1031米，位于细坳、贝岭、麻布岗的交界处。

县内其他主要山峰还有霍山、嶅山、玳瑁山、东水嶂、岐山嶂、仙子嶂、乌云嶂、鹿子嶂等。在群山之中，最奇崛者要数霍山。

霍山在田心、石坑、铁场三镇交界的低矮盆地中拔地而起，以三组峰峦组成一个整体，虽然海拔仅为550米，但因为山势、山貌、山石之奇，整体上仍给人壮观雄伟、气势磅礴的视觉感受。其更突出的奇异之处在于，它是丹霞地貌。“色如渥丹、灿若明霞”，是丹霞地貌最显著的视觉特征。不妨想象一下，翠绿的山海中点缀着一簇赤红的山岩，该是多么令人惊奇！

02

丹霞地貌，属于红层地貌，是一种水平构造地貌。红色砂岩经长期风化剥离和流水侵蚀，形成孤立的山峰和陡峭的奇岩怪石。这种地形以广东韶关的丹霞山最为典型，由此被命名为丹霞地貌。

这一特殊的地貌主要发育于侏罗纪至第三纪，即距今1亿多年至6000万年前。虽然“身世”相当悠远，人们对它的认知却是相当晚近的事情。“丹霞”这样一个神采飞扬的名字，源自曹丕的《芙蓉池作诗》，诗中有言“丹霞夹明月，华星出云间”，指天上的彩霞。不过，地质学家拿“丹霞”二字命名一种地貌，是在20世纪之后。1928年，曾获美国哥伦比亚大学地质学硕士学位的冯景兰，来到韶关丹霞山，他意识到这是一种独特的地貌景观，并把形成丹霞地貌的红色砂砾岩层命名为丹霞层。十年之后，地理学家陈国达首次提出“丹霞山地形”的概念，以后，丹霞层、丹霞地形（地形即地貌）的概念便被沿用下来。

直至1961年，被誉为“当代徐霞客”的中山大学地理系教授黄进先生，首次给丹霞地貌下定义，并给丹霞地貌提出了“顶平”“身陡”“麓缓”三大组件，成为引用最广的丹霞地貌的基本特征概述。到了1977年，地貌学家曾昭璇先生第一次把“丹霞地貌”按地貌学术语来进行学术研究。他在《广东自然地理》一书里面，对丹霞地貌如此形容：赤壁四起，丹峰林立、洞穴奇邃、秀石累累。他根据外作用力的差异将广东的丹霞地貌分为五种：流水作用（霍山的板状河床就属于这种）、崩塌作用（霍山的丹崖赤壁属于这种）、风化作用、岩溶作用、海蚀作用。

曾昭璇特别留意到丹霞地貌独特的审美价值，他曾说，应该把丹霞山定名为“红石公园”，跟美国的黄石公园相媲美。

2010 年 8 月 1 日，包括丹霞山在内的“中国丹霞”，在第 34 届世界遗产大会上，经联合国教科文组织世界遗产委员会批准，被列入《世界遗产名录》。至此，丹霞地貌正式进入世界学术界与自然文化界。

丹霞地貌在我国广泛分布，目前已查明丹霞地貌 1005 处，分布于全国 28 个省级地区，东南、西南和西北三个地区是集中区域。除中国外，中欧和澳大利亚等地也有丹霞地貌，只不过不如中国分布广、特征显著。

在中国粤东地区，丹霞地貌不多，最著名的，当为龙川的霍山。

霍山的形成时间大约在 7000 万年前。这个地方首先沉积了大量红色的岩层，一阵剧烈的造山运动，将原来在底部的层积岩抬升到地面。在 7000 万年里，水流、风、雨等一切自然界的外力，如同一群高明的艺术家，以细致的耐心对这一岩层进行了一个漫长的雕塑过程。岩石被流水切割侵蚀，山坡被风化，随之以崩塌而后退，保留下来的岩层就构成了红色山块。由此，一座赤色奇峰渐渐出现在龙川的大地上，孤傲地耸立着，在壮阔的绿海中，像玫瑰色的云彩，或者深红色的霞光。

霍山是大自然在龙川这块土地上创造的一件艺术品，是从远古流传下来的造化之于龙川的款款深情。一座名山的年岁与风采，往往标示着这个地方自然地理的高度与优势。龙川有霍山，幸甚。

03

不用多想，第二天便赶往霍山。

从县城前往霍山，约半个小时的路程，一路看不尽绿意盎然。这似乎就是一段欢快轻缓的序曲，预示着一场壮丽的大戏在前面等着自己。果然，还没有到霍山，远远地就望见一组突兀的山峰，透着壮观的气象。登山的激情已经按捺不住了，禁不住加快了车速。

到了山脚下，发现车辆与游客并不多，也许因为那天不是周末，天色也不是很好，不时飘下雨丝。几家商铺摆着各种各样的本地特产，牛筋糕、豆腐花、青菜及果实，诸如此类，有些野生食材样子奇特，叫不上名来。霍山牌矿泉水早有耳闻，既然出产于当地，登山自然是要备上几瓶的。

过了检票口，台阶两旁古木参天，林荫蔽日，山风迎面袭来，凉爽与惬意一下子就滑入心底。一旁的几块石碑上刻着历代文人骚客书写霍山的诗文，明白无误地告诉游客：霍山之胜远不止美景，还在于人文。

对于名山大川，我向来有一个偏见：纯粹视觉感官上的美景往往经不住回味，仅靠颜值来吸引八方游客恐怕也难以持久，而那些名垂青史的风景，往往都以人文为映衬，并因人文有了蕴藉无尽的意味，甚至可以说，所谓风景，往往是在人文中建构出来的。仅以杭州西湖为例，倘若抽掉人文，摈弃苏轼、白居易、张岱等历代文人的书写，那湖光山色的魅力想必会打个对折。所以，在游览中会不自觉地透过风景之美，去打量人文的风致。

在爬山的时候，两个思绪萦绕在胸间：到底是怎样的山峦赋予了龙川这片土地的气格，龙川人以及到过龙川的人又是怎样认知这座山，将山进行人格化想象的。

“山不在高，有仙则名。”许多名山都会缭绕着各种各样的“仙气”，流布着各种各样的传说。不必计较这些故事的真假，故事本身便是山川叙述的一部分。故事可以让山川美，里面寄托着人们对家园的祈愿、对世道的期许、对圣贤与良善的向往，从中亦可看到当地人的性情与气格。

关于霍山，当地同样流传着许多故事，富有传奇色彩，但又好像是真切的诉说。甚至就连霍山命名本身，就蕴含着一个有意思的故事。

这座山昔日不叫霍山。后来，楚汉相争，天下大乱，著名学者霍龙为避乱自吴迁越，世居龙川，隐居此山。汉高祖刘邦在位时，曾令请霍龙出山任职，但霍龙无心于官场，便回应：“龙川者，龙之生地也。龙若离川，莫若赐死。”他婉言谢绝了帝王的邀请，自此隐居此山，著书立说，传播文化，将北方文明带入岭南。他还精通医术，给乡民治病，尤擅治瘴疾。最后，他还得山川灵气，得道成仙。霍龙名传于世，时人感其恩泽，遂将此山命名为霍山。由此来看，后人将霍龙的名字安放在霍山上，源于深切的考量——文教兴盛与文人品格便是龙川人淳朴简单的文化理想。从更深刻的层面来看，这其实也是岭南人对中原文明的文化想象，将此当作从“化外之地”到“化内之地”递变的重要媒介。

所以，对于地域文化的考察，绝不可轻视任何细微之处，也许一座山、一脉水、一条路、一个村的命名，可能都大有深意。

广东还有另外一座山和一个“北人”有深密的关联。这就是晋人葛洪在罗浮山修道。不过，这要比霍龙在霍山晚了几百年。所以，有人说霍山可能是广东第一座“人文名山”。

罗浮山后来名气居上，最重要的原因便是葛洪的到来。葛洪在中国道教史上居功至伟，罗浮山也由此成为中国的文化名山。龙川当地也有葛洪曾到霍山修行的传说，只是语焉不详。

霍山之魅，犹在历代文人的书写。当地文献显示，早在唐代，南北文人便开始吟咏霍山，现存有唐昭宗时期进士曹松的《霍山》诗一首。到了宋代，霍山乃至整个龙川与大文豪苏轼产生了关联。在乾隆壬午版《龙川县志 · 艺文卷》中，收有苏轼的一首《龙川八景总揽》诗，其中提到“太乙仙岩吹铁笛”，说的便是霍山的一大景观“太乙仙岩”。

太乙仙岩是霍山最大的天然石室，又被当地人称为狮子吼风。这个地方大概有六七百平方米大小，走进去令人感到清静幽深，冬暖夏凉。

需要指出的是，苏轼的这首诗并没有收入苏轼的权威作品集中，到底是不是其作品，还有待于进一步考证。

04

山里三组峰峦组成一个整体，可谓气势磅礴，并有奇峰突起、峭石峥嵘，在山道上放眼望去，百态千姿，惹人无尽遐想。

全山计有二十七岩、四十八峰、十一泉池、八大洞府等名胜古迹，诸胜中尤以霍山十景为最。这十景是：船头观日、玉麟玩月、酒瓮凌云、雄师吼龙、横岩傲雾、一线曙光、砻盂接佛、七井仙泉、沙僧拜寿、铁拐挑葫芦。十景无不让人赏心悦目，令人啧啧称奇，更有意思的是，几乎每一景致背后都有一个故事。

酒瓮凌云，就有一个传说：

传说很久以前，霍山东面有一户人家，只有爷孙两人。爷爷从小给财主打长工，直到年迈再也干不动了，就轮到 11 岁的小孙子去给财主家干活、放牛。有一年除夕，爷爷对小孙子说，好孩子，我是黄土埋到半截身的人了，你给我弄点酒喝喝吧。

小孙子很孝顺，也知道别人家过年，都要吃点好的，喝点好的，所以他就想去财主家给爷爷讨点酒喝。

谁知到了财主家，不但没讨到酒，还被赶了出来。他又想起奶奶生前说到，在霍山有很多修道的人，他就想去跟霍山的道人讨一点酒给爷爷喝。

小孙子到了霍山的半山腰，突然闻到一股酒香。他顺着酒香走去，看到一块大石，形状像倒过来的酒瓮，酒味就是从里面飘出来的。往前去，看到一个小湖，他捧起来就喝，发现那不是水，而是又甜又香的好酒。他赶紧掏出酒瓶来装，只装了半瓶，小湖里的酒

霍山十景之一“酒瓮凌云”　摄影 / 夏世焱

却一下就没了。这时，石头里面传来一个声音：“一个给四两，多了要遭殃。”

听了这话，小孙子就道了谢，识趣走了。

小孙子回家后，把这事告诉了爷爷，爷爷是个好心人，又告诉了穷邻居。就这样，一传十，十传百，乡邻都上山去打酒了。

财主也知道了。这天财主要过七十大寿，于是他派长工去山上打酒。

拜寿的客人都来了，桌子上也摆好了三大盘、八大碗，但是打酒的长工却一直没回来。财主以为是长工偷懒，又派人去催，去了的人也还是没回来，财主没办法，只好亲自去找人。

只听到里面有个声音说：“一个给四两，多了要遭殃。”

财主说，我就不信这个邪。他派人将这个出酒口凿大一些。

结果，一锤子下去，地动山摇，雷声滚滚，从洞里飞出一条火龙，把财主一下子吞进了肚子里。

我们姑且将此类传说当作一个地方的民间文学，情节离奇生动，颇有寓意。在这个关于酒瓮石的故事里，穷苦人家有一个非常朴素的心肠，那就是敬畏神灵，而敬畏神灵本身，则意味着遵循人心与世间的至高法则。神灵护佑吃不饱饭但又事事虔敬的人，而对贪心到良心泯灭的狂妄之徒，则大加惩罚。毋庸讳言，故事背后映现的是当地人的道德观与价值观。

明清之际著名学者、诗人屈大均的的确确到过霍山，并写了霍山，《广东新语》里都有清晰的记载。对于酒瓮石，他这样写：

酒瓮峰头石，涓涓出醴泉。
愿同鲸吸者，长傍白云眠。

他到了霍山，看到了酒瓮石，也许是酒兴搅动了诗性，对这一地方的吟咏不吝美词，甚至表示愿意长住于此。

就在屈大均所处的那个江山鼎革的动荡时代，龙川本地籍文人巫三祝走进了霍山，并真正长居于此。

其实，巫三祝本就生在霍山脚下的田心镇，他走进霍山，准确地说是重返。他曾官至户部尚书、太子少保，一生为官清廉。明朝崇祯十四年（1641），他回乡省亲，适逢清兵进逼龙川，便立寨霍山，率众抗清，百里之内从者日众。清兵望而胆怯，相继而去。清廷不甘于此，派人请巫三祝下山，邀他到清廷为官。巫三祝却怒不可遏地说："宁做明朝狗，不做清朝官。"巫三祝铮铮铁骨，世人为之传颂、钦佩。

大明王朝覆亡两年后，巫三祝继续参与抗清复明，但大势已去，他无回天之力。巫三祝悲愤不已，穿好明朝官服，一脚站在霍山船头石边，一脚悬空摆三下，仰天大声疾呼："三祝有罪有过在此中死，三祝无罪无过在此永生。"

晚年，巫三祝持节不仕，甘心做一个默默无闻的隐士。他筑采云书院于霍山，以课业、著述自娱，有《逢园集》六卷、《霍山志》四卷传世。1673年，他溘然长逝于霍山的美妙山光之中。

对霍山记述最有文采的要数清代的李调元。李调元为乾隆年间进士，对戏曲颇有研究，是著名戏曲理论家、文学家。他曾任广东学政，足迹遍及全省诸郡县，著有《南越笔记》，分类记述了广东风土人情、草木鸟兽。他到了霍山后，便写下一篇同名小品文，颇值得细赏。文章不长，谨辑录在此：

霍山在龙川县北，周旋七十余里，为峰三百七十有二，最秀者曰大佛迹。秦始皇时，有霍龙字灵阳者居之，因名霍山。

其巅有二岩，东向者曰望月，无甚奇。西向者曰太乙，深八九丈，广倍之，高二丈余。上有覆石，平如掌，左右两峰夹之，是为霍山洞天。

其东有横岩在半壁，岩中有一石，出地数尺，人偶撼之辄动，乃力撼之反不动，亦一异也。岩上峰名酒瓮石，崛起平地百余仞，上锐中博下顿如瓮然。泉涓涓倾出，味甘如醴，因名酒瓮泉。所注成潭，大亩许，清深不测，旁多万年松、风兰、仙人掌、金星草、黄精、白术之属，远近随风，处处芬馥，如入罗浮之百花径矣。

大佛迹峰在山南，石上有大人迹十四所，迹有黄牛浆，甚澄澈。邻峰曰石楼，亦有巨人履迹。下有一石，可坐数十人，为仙乐石。又有捣药石，常闻杵声而不可见。寻之，多在志公楼峰之腰。又有七星石井，大各如盆，深数尺，水随汲随盈，不汲不盈，盈必七井一时盈。其上一峰曰船头，凌晨望之，若大舶在海岛中，云气往来，山如鼓摇动，亦一异也。

［《中国古代游记选（下）》，第 358 页］

李调元的这篇小品写活了霍山之奇，用非常细致的文字记述了霍山的山水奇观。他善于以简约爽利的笔触，点出奇石、奇水、奇峰的奇处，发人奇趣，引人赏奇。

05

一直往上爬，一直在红岩与绿海中涤荡身心。这倒不纯为了风景，尽管风景一直在吸引着我，亦没有想着一定要在山顶体味“一览众山小”。来到一座山，就要爬到最后。就是这么简单。

不知不觉，已经绕过茂盛的丛林，走过玻璃栈道，来到了山顶——一片开阔之地，360 度全景风光尽收眼底。站在霍山之巅，方圆数百公里一览无余，东江和韩江犹如两条罗带飘舞在群山之间，田畴村野交错，恰似世外桃源。

人们祖祖辈辈生活在山下，辛劳耕耘在山川之间，诚恳且又谦卑地享用着大自然之于这片土地的一切馈赠，就这样日复一日、年复一年。这里是客家山区，这里的人靠山吃饭，他们的生命就这样紧密地楔入美好的山光之中，他们的心魂荡漾在山川之间，他们的身世与家世消融在绵延无尽的山的年岁里。

他们喜爱大山，同时想象大山。他们通过各种方式想象并叙述大山，便是在想象并叙述自己的生活与历史。这里的人乐于耕读，痴迷文教，知足保和，懂得关爱互助，深谙节制与退让之道，忠于内心、自然与世间的法则。他们是大山的子民，是大山温暖的陪伴。

快走到山脚的时候，天空不时飘下雨丝，轻轻浅浅的凉意洒在身上，倒显得清爽。虽然这次没能看到一个阳光普照的霍山，但那些红色层现的山体、奇峻耸立的岩石，让人印象极深，似乎在明确地召唤自己——一定要再来一回。

到了山脚，再次细细看了一遍碑文。其中有一首《咏霍山气候》

霍山胜景　摄影 / 夏世焱

霍山特色繁多，由丹霞、奇岩、秀石、碧泉、云影、药香组成，堪称仙境。霍山风致有“十景”之说，分别为船头观日、玉麟玩月、酒瓮凌云、雄师吼龙、横岩傲雾、一线曙光、砻盂接佛、七井仙泉、沙僧拜寿、铁拐挑葫芦。

写道：

山影在天如有雨，云光如水似非晴。
山因欲雨偏生影，影满天边不是云。

嗨！这样描述迷幻天气的迷幻诗句，不恰恰就是这次到访霍山的真实写照？

（注：陈思呈对本文亦有贡献）

山下有水

01

当你听到或看到有一个地方叫龙川的时候，想必会和我一样，立刻产生这样的感觉——这地名足够大气。

“龙”是中华民族的图腾、中国文化的象征，上下数千年，“龙”已渗透至中国社会的各个方面，成为一种文化的凝聚和积淀；龙的形象是一种符号、一种意绪、一种血肉相连的情感。

《广州记》有言：“本博罗县之东乡，东龙穿地而出，即穴流泉，因以为号。”另据《南越志》记载：“县北有龙穴山，舜时有五色龙，乘云出入此穴。”由此来看，龙川有此名，的确和“龙”有关。龙川——龙在河川中腾跃，足见命名的霸悍。

龙毕竟是一种想象之物，不过，龙川有“川”，倒是确然。

不妨先将地域观察的视野扩大一点，扩大到粤赣闽边客家发源区。这里有五条大江流淌而过，分别是赣江、汀江、梅江、东江和

东江在龙川县城穿城而过　摄影 / 夏世焱

北江。赣江由章、贡两江汇合而成，北流汇入长江，汀江与梅江向东汇成韩江，东江和北江则是珠江水系的两大支流。这些在客家地区发源，又流经客家地区的江河成为孕育客家人的母亲河。

在这样一个河川聚焦的区域中，龙川是一个重要的地方。在亿万年的地貌变化中，龙川境内形成了两道水系：东江水系和韩江水系，其中又以东江水系为主。一脉东江水南北向穿过龙川，恰同在绿色龙川的身上系了一条碧玉带，让山地有了灵性。

东江发源于江西省的寻乌县、安远县和定南县，龙川县境内有东江一级支流的寻乌水和安远水两大支流，两支流汇合于车田镇五合村。五合村下游 5 公里处，有一个枫树坝，枫树坝下游即为东江干流。东江干流总长 520 公里，流域面积 27040 平方公里。

自东北向西南，东江流经河源市龙川县、和平县、东源县，以及惠州市惠城区、博罗县，至东莞市石龙镇进入珠江三角洲，于广州黄埔区禺东联围东南汇入狮子洋。东江是贯通粤东北与珠江三角洲、联结长江水系与珠江水系的关键水道，交通地位至关重要，尤其在陆路交通远不发达的古代。

在不同的历史时期，东江还曾有不同的名字。东晋时期称湟水，隋称循水，唐称循江、河源水，宋称龙川水，宋以后始称现名。仅仅从以上名字就可以看出，龙川在东江水路中，占据首要且核心的地位。

02

俗话说，靠山吃山，靠水吃水。居住在东江边的人和江上的人，靠着这条水路，发展了东江航运，一水兴百业。在陆路交通不发达的年代，东江水路是东江流域人们出行的首选。东江浩浩荡荡 500 多公里，时而平缓，时有险滩，为了便于船夫掌握行船要诀，由地名、水情、风物等串联而成的《东江水路歌》，便逐渐形成并流传开来。《东江水路歌》又被称为“东江客家人的水上歌谣”，歌很长，其中有：

老隆行上是板塘，浮石鞍山水路长。
四都黄沙水品好，上进出有秀才娘。
伯公伯婆来保佑，陈村大坝东水江。

…………

合河水面天更阔，分出两条东西江，
八仙过海马廖背，岩镇河边洗衣裳，
跟斗打到洋古兜，黄泥角下来乘凉。
黄埠想请拖缆工，白屋阁里好商量，
浮潭转弯走马滩，贝岭街里观风光。

这首水路歌里提到了一些东江流过的地方。在这些地方，相应的都流传着一些关于东江的故事。比如正文第一句“老隆行上是板塘”，提到的地方是老隆。

老隆镇的东江边流传着一个虾公岭的故事。

很久以前，东江里生活着各种鱼虾，其中有一种最为特别——浑身雪白，双钳特别有力。到了夜间，这种白虾甚至能到岸上，捕杀有害的虫类和蛇蝎。

后来，从南海窜来一条蛟龙，他在东江上横行霸道，掀翻无数往来船只。

原来这条蛟龙是南海龙王的三太子，因骄横暴戾，龙王想惩戒他，他就逃到东江来避避风头。但天性难改，依然作威作福。

有一天，他又在残害万物的时候，突然发出一声痛苦的吼叫，挣扎了没多久就死掉了。人们见他死得奇怪，便将他拉上岸剖开肚子，发现他肚子里竟然装满了白色的大虾，原来是这些虾爬进蛟龙肚子里，用钳子将蛟龙的五脏六腑钳碎，然后与他同归于尽。

人们为了纪念这些白色大虾，就把旁边这座山叫作虾公岭。时至今日，虾公岭依然立在老隆镇的东江边上。

夕阳下，东江流经佗城　摄影 / 夏世焱

第二句“四都黄沙水品好”，提到的地方是四都。在四都镇的东江沿岸，有一座很大的庙叫“三公庙”。三公庙是怎么来的呢？

当年村里有个渔民，天天在东江里打鱼。有一天他捞到一块神牌，把它丢掉，再撒网，又一次捞起来，如是者三。捞到第三次，他就把这神牌带着走回家，走到岔路口，神牌突然掉到地上。他捡起来再走，神牌又一次掉落。如是者三。

他想，应该是神明想在这个地方安居。于是他便在此地把这牌子放置好，然后自己回家去了。

说来也怪，自此之后，四都镇这位渔民天天打鱼都大丰收，东江成了他家的“仓库”，随时拿随时有。

他赚了钱，就给这个神明建了一座庙宇，即“三公庙”。这就是“三公庙”的来由。

《东江水路歌》的第三句“伯公伯婆来保佑”，所讲的故事发生在龙川四都镇与和平县东水镇交界东江河畔的伯公庙。

最初，庙里只有一位伯公。有一个做柴炭生意的小老板叫李贵，听说这个神庙很灵验，就在放运柴炭时停船在这里，登岸进香许愿。他许的愿很特别，说神明如果能保佑弟子发财，就为你娶一位贤惠女神明。

李贵随后继续登船顺流而下，到东莞石龙起岸，顺利将满船柴炭售完，接着又购买了一些食盐、火水（煤油）之类的日用品装船逆流而上，回到河源。

到河源时，他与一艘运送官银的船同行，运官银的船老板是李贵熟人。半夜的时候，船上遇到劫匪，船老板便将四袋白银放到李

东江流经龙川县城　供图 / 龙川县委宣传部

贵的船上，后来，船老板和押运官银的兵丁全让劫匪烧死，李贵等于平白得了四袋白银。

李贵想起自己对伯公的许诺，便去请了一座女神明的塑像，准备第二天去还愿。

当天晚上，神庙附近的乡亲们全都做了同一个梦，梦里伯公说，他明天要迎娶新娘，新娘是坐船来的。

第二天一早，李贵的船缓缓靠岸，只见岸上张灯结彩，锣鼓喧天。他十分纳闷，近前一打听，才知道正是伯公迎亲，忙取出那尊女神明塑像，引众人行三跪九叩之礼。从此，这座灵验的神庙自然成为这一带香火最盛的神庙，而伯公娶伯婆的故事也随着东江水流传开来。

这些故事因为东江水而生成、流传，寄托着东江人对美好生活的向往，蕴含着东江人的性情与处事方式。所以，就像上一篇文章《远古有山》所提到的那样，丰富的地方歌谣与故事，真真假假说不清，也许只是传说，也许不过是村言野语，但绝不可轻视。这些原生态的文献，是地方性知识的一个组成部分，是后人考察地方文化的重要切入口。

03

在古代，东江之于龙川交通的意义非凡。正是源于东江的水路优势以及整个地域的山水格局，龙川形成了水陆联运、水运为主的交通特征。对于这一交通特征的形成，知名学者王元林先生曾有过深入的论析：

> 八山一水一分田，此实为对龙川自然空间地理的最贴切描述。从自然条件看，龙川县因处于山岭川谷崎岖之中，故而十分封闭。然而这样的自然条件在特定的历史条件之下，由于险阻天成、崇山峻岭构成的天然屏障，每当中原地区战火纷飞之时，龙川都成为避乱者的桃源。自汉末以来，中原地区多处于割据混乱局面，生产遭受严重破坏，而岭南地区相对稳定，因此，中原“望族向南而趋，占籍明郡”。大量客家移民的迁入，又使龙川地区成为一个开放性的区域。
>
> 龙川地区的开放性还有一个更为重要的原因就是河流的沟通作

用……历史上的东江地区，幅员辽阔，纵横千里，东依梅州、潮汕以至闽南，西连珠江三角洲，与香港、澳门毗邻，北靠赣闽边境，南临浩瀚大海……这使得东江一方面成为岭南地区沟通赣、闽乃至中原的必经之路，另一方面又成为通往海外的最近出海口。北方的中原文化、南方的海洋文化正是通过东江源源不断地输入到龙川地区，东江成为龙川的一条母亲河。

…………

在“群山环峙，层峦叠嶂”的地理环境下，山岭崎岖，陆路交通必然不很发达，龙川交通主要还是东江与韩江水路……所以，水陆联运、以水运为主，这是龙川地区交通运输的最重要特色。

（《龙川古道》，第 9—10 页）

正是因为东江水系与山水格局所形成的交通特征，以及在整个岭南地区独特的地理与交通优势，才有了各种壮阔的历史事件的发生。秦军南下粤东北、龙川建县、客家民系形成、文人流寓龙川……一出出改变龙川乃至改变整个岭南的历史大戏，在山水之间的古老土地上陆续拉开帷幕。

空间就在那里，时间渐次导入。属于龙川的历史时刻，由此纷至沓来。

（注：陈思呈对本文亦有贡献）

贰

古意

南越王赵佗氏，昔令龙川时，建池于湖之东。阻山带河，四面平旷。登山景望，惟此为中。厥土沃壤，草木渐包。

——韦昌明《越井记》

著名思想家张君劢曾言："中国数千年的历史，自地域性的观察，可以分为三个时期：第一是黄河流域时期，第二是扬子江流域时期，第三是珠江流域时期。"（《历史上中华民族中坚分子之推移与西南之责任》）

在中国历史上，经济与文化重心有一个不断南移的趋势。而所谓南移，实乃南化，即原来具有某些异质特征的南方地域文化，不断融合到整体性的中华文化之中，并通过自身的异质性，不断丰富、拓展乃至重构中华文明。这便是岭南文化的重要特征与价值所在。

"南化"的前提是"化南"。从秦征南越开始，北方移民不断涌入南方边陲之地，带去了中原先进的生产与生活方式，并不断推动汉越民族与文化融合，形成了独具魅力的岭南文化与广府、客家、潮汕三大民系。

在"化南"与文化融合的历史进程中，龙川作为岭南最早设立的县与客家古邑，是一个极为重要的空间与时间节点。龙川堪称岭南文化蕴育与发展的关键起点之一。去龙川，或可解读出"岭南何以为岭南"的历史符码。

龙川学宫为龙川当地重要文化地标之一，保存完好，至今散发着耀眼的光彩　摄影 / 夏世焱

一个人与一座城

01

文章题目中的“一个人”是赵佗，“一座城”是佗城。

所谓佗城，便是赵佗所建立的城。后人为了记住赵佗，记住他在这里度过的时光，便以他的名字为他所待过的地方命名。

在中国广阔的土地上，借用历史人物为地方命名的案例并不鲜见。最著名的城市之一便是广东的中山市，其前身为 1152 年设立的香山县，1925 年，为纪念孙中山先生而改名为中山县；1988 年，升级为地级市。再比如，河北的秦皇岛市、山西的左权县、黑龙江的尚志市、河南的禹州市等，取名都和历史人物有关。也有的城市名字，没有直接取用历史人物的姓名，但城市的内核却尽是历史人物的影子，比如广东的潮州市。后人为了纪念韩愈在潮州生活的八个月，城市里到处都是韩姓的标识，穿城而过的一条江叫韩江，江边的一座山叫韩山……城市的江山都改了姓，只为记住韩愈之于这座

龙川佗城赵佗纪念广场上的赵佗塑像　摄影 / 夏世焱

城市的功绩。

相比于这些地方，佗城命名的意义还是不一样，或者说，尤为特殊。

佗城是广东省首批公布的十一个历史文化名城之一，但严格意义上讲，佗城现在其实是一个镇，隶属于广东省龙川县，位于县境南部，距县城 8 公里。佗城的镇街面积不过 3 平方公里，但就在这么小的地方，却密密麻麻地分布着赵佗的影迹。

中山街上有个南越王庙，赵佗在里面被当地人奉为一座神，连年香火不断。南越王庙旁边是一座新修缮的纪念赵佗的广场，广场里立着赵佗的雕像，旁边是赵佗生活的遗迹。遗迹不远处则是越王井，井内黛绿的青苔和磨损的井栏石，记载着“岭南第一井”的过往。这口井不曾枯竭，现在依然还能汲出清澈甘甜的水，当地人家有时还会取来饮用，就像赵佗的功业，还在泽被后世。

悠远的历史就这样沉静地安放在佗城的土地上，并非遥不可及，而是可亲可感。慢慢掬一捧水，轻轻踏一步路，或者站在路边看夕阳，看那些古迹都染上淡淡的光辉，沉默不语，便能听到久远的声响，嗅到两千多年前这片土地上掀起的壮阔的尘烟。历史的气息过于凝重黏稠，滚滚地扑面而来，纵然山水间的清风不时吹来，也是枉然。内心的震撼太强烈，又感觉好像太不真实。

而一旦打开一个缺口，扯起一个线索，辽远纷繁的历史场景便迅速在身旁集结，壮响连绵不绝，让人无法脱离。

早在秦始皇三十三年（前 214），佗城便建立在广东的土地上。不过，那个时候还不叫佗城，而叫龙川城，龙川城即龙川县的县治所在地。特别有意思的是，龙川县不仅是广东最早创建的县，就连地名也完完整整地延续至今，历时 2200 多年。这在广东乃至全国都极为少见。

龙川的首任县令便是赵佗，他从无到有建造了龙川城，作为自己管辖地块的行政中心。就是从这里，赵佗开始了自己的政治事业，直至创立南越国，成就了一番霸业，改写了岭南文明的历史进程。

对此，毛泽东曾诙谐地称赵佗为“南下干部第一人”，还说他是“开发岭南第一人”。（《汉文帝的政治智慧：一封书信免兵戈》，《人民周刊》，2017 年第 4 期）

1941 年，为纪念龙川首任县令赵佗，龙川城正式更名为佗城，垂延至今。

佗城也就那么小，古龙川县也不过秦代千余县中的一个，并且，就在当今，从经济与社会发展指标来看，佗城乃至整个龙川在广东也并非一个非常突出的地方。而为什么说佗城命名特殊，或者说赵佗建立佗城有着特殊的历史意义呢？

这个古老的地方到底发生过怎样的故事？又蕴含着怎样丰富的历史深意？

好吧，我们从现在开始，进入佗城，进入岭南文化史上一段不得不提及的历史。

02

赵佗本不是土生土长的广东人，他的家乡是今天的河北省正定县。而他出生的年月，却给历史留了一个谜，至今不可考。

在他成长的年代，即2200多年前，他所在的“中土之地”已经步入封建社会，而广东则仍处于原始社会末期，被视为“南蛮”之地与化外之区。用知名学者司徒尚纪先生的话说，便是“文明进程上，广东比中原大约滞后了一千年”。（《中国地域文化通览·广东卷》，第38页）

从河北到广东，从中原到南越，不但相隔遥远、交通极为不便，并且社会发展程度有明显的落差。而赵佗当时为什么要越过千山万水，来到如此偏远、如此陌生，又如此蛮荒的地方呢？

这要从大秦王朝征战南越说起。

公元前221年，秦始皇统一六国，建立起中国历史上第一个中央集权制国家。此后，他奋其余威，继续用兵扩张领土，其中，南越是重要的攻取对象。公元前214年，秦兵最终平定南越，广东由此正式划入中央王朝版图。秦军南下并非一蹴而就，景况亦非常惨烈。对此，《史记》留下记载：

又使尉佗屠睢将楼船之士攻越，使监禄凿渠运粮，深入越地，越人遁逃。旷日持久，粮食乏绝，越人击之，秦兵大败。秦乃使尉佗将卒以戍越。

由于年代的久远和史籍的湮灭，这场规模巨大的征战细节仍然相当模糊。目前所能看到的主要典籍有《淮南子》《史记》《汉书》，并不足以勾勒其整体轮廓，且不乏错讹。现在，对于秦军南下的线路以及用兵数量，学界还存在争议。《淮南子》的说法“发卒五十万，为五军”，流布深广，后人甚至在此基础上自由发挥，增添了戏说色彩，实有待于进一步研究确证。

而且，对于如何定义这场战争，学界仍有不同声音。司徒尚纪先生将此定义为一场“秦始皇统一了广东”的战争（《中国地域文化通览·广东卷》，第 50 页），张荣芳和黄淼章两位先生也认为这场战争是“秦始皇统一中国战争的组成部分”。（《南越国史》，第 44 页）除了“统一说”，还有“殖民说”的提法。早在 1935 年，著名思想家胡适先生在广州的一次演讲中就提到“广东自古是中国的殖民地”，回溯历史事件的话，很显然包括秦征南越。（《胡适论教育》，第 183 页）林岗先生则直接认为“秦征南越很显然是开疆拓土的殖民扩张行为”，是“地缘政治实体能量外溢”的结果。（《秦征南越论稿》，第 4 页）不管是哪一种说法，无不肯定这是一场伟大的征战，推动了历史的演进，尽管战争必然带来人道惨剧。正如司徒尚纪先生所言，这是一个“历史性的进军”。（《中国地域文化通览·广东卷》，第 50 页）

在这支庞大的征战大军中，赵佗担任副将，即《史记》中提到的“尉佗”。在沙场上，赵佗骁勇善战，战功显赫。

正是源于一场战争，赵佗从中原到了岭南。此后，永远留在了岭南，再也没有回到故土。

03

秦始皇三十三年(前214)，秦置南海、桂林、象郡，此为岭南推行郡县制、正式纳入中央版图之始。龙川，便在这个时候立县，县治即龙川城，即今天的佗城，首任县令便是赵佗。

根据林岗先生的研究，在正史记载中，南海郡只在番禺和龙川设置了县，两个地方分别以山、水而得名。其中番禺（今广州）为郡治所在地，龙川则位于东江上游。其余博罗、四会、揭阳，也通常被认为是秦置三县，但皆为相传，只在各地县志中记载。(《秦征南越论稿》，第128页)

龙川之所以被称为“百越首邑”，是因为它在整个南粤大地上是第一个设置县治的地方。从历史考证来看，它比南海郡治的设置还要早14天。(《古色龙川》，第18页)

需要注意的是，当时龙川县和今天的龙川县在地理空间上还不是一个概念，简言之，古龙川的地盘要大得多。

打开著名历史地理学家谭其骧先生的《中国历史地图集》，就可以看到，彼时龙川地域的辽阔，县境涵盖了粤东、粤东北、粤北地区，包含如今河源市、梅州市、揭阳市、潮州市、汕头市、汕尾市，以及韶关市大部分、惠州市小部分地区。除此之外，还辐射到福建云霄、诏安、漳浦、东山等县，以及江西寻乌、安远、定南等县。而在赵佗任县令的那几年，县境面积还要更大，北境偏西甚至还抵及湖南的郴县、桂阳县、零陵县等，北境偏东抵及江西南康、南野、龙南等县，向西抵及广西贺县等地。所辖地域之广，辐射空间之大，足见龙川在军事、政治、文化上的地位及影响力。

秦朝末年，全国共有四十多个郡，分管大约千余个县。(《舆地勾稽六十年》，第 14 页）由管辖面积来看，龙川是全国千余县中的一个大县。所谓“大县”，在当时有一个判断的依据：按秦制，其治下编民当在万户之上，其县长官就不称“长”而称“令”。龙川立县，赵佗为首任县令，可见龙川编户逾万，人口是华南各县中较多的。(《龙川古道》，第 15 页）

南越大地广袤，为什么当年赵佗选择了龙川而非其他地方作为自己事业的起点呢？龙川到底有何魅力吸引了赵佗？他又是怎样来到龙川的？

这最终还是取决于当时龙川优越的地理位置与交通地位。

开疆拓土的首要前提便是交通，只有路通了，兵力与权力才会抵达。和北方以陆路为主的交通格局不一样，当时广东交通的开拓首在水路。崇山峻岭之间行路艰难，倒是江河交织形成了便利的交通。纵横交错的珠江水系，使得南越在水路交通上具备方便快捷的良好条件，百越先民利用舟楫在江河航行。秦汉平定南越战争中，也是派遣了大量“楼船之士”通过水路挺进的，制胜的关键便是在西线开凿灵渠，实现了珠江水系与长江水系的贯通。

知名学者谭元亨先生认为，沟通长江、珠江水系的线路除了灵渠所在的西线，还包括一条东线，在龙川以北、江西南部，其源流便是鄱阳湖—赣江—贡水—定南水—东江。(《古色龙川》，第 45 页）赵佗便是沿着这条路线，顺流而下，直到龙川。

赵佗在东江西岸筑城（今佗城）为治所，可通往整个东江流域，也可以沿着东江水道直达南海郡治番禺。再加上韩江流经此地，赵佗可利用水路到达古龙川县所辖的绝大部分地区。而对于秦王朝而言，控制龙川，就等于控制了今闽粤赣接壤地区东西南北方向的要道。向南，可稳定已控制的南越地区；向东，则可盯住闽越；西可至梅关；北可出江西通往中原。

除此之外，佗城地势险要、易守难攻，军事地位显要。多重因素叠加在一起，赵佗及其背后的秦王朝选择在佗城立县，也就不难理解了。

也正源于佗城突出优越的地理区位，从秦代到民国，一直是县治所在地。并且，从南汉经宋到元，佗城还曾一度是循州治所，辖龙川、五华、兴宁等县。（注：除小段时期治所迁至老隆）由此看出，在一段历史时期里，佗城的政治地位不断提升。

04

赵佗到了龙川之后，他到底面临怎样的境遇？他在这片土地上发现了什么，又感觉到了什么？作为一地行政长官，他又是怎样去施政的？

佗城越王井旁边立有一块石碑，碑文是唐代翰林学士韦昌明写的《越井记》，大致勾勒出了赵佗在龙川的所遇、所感与所为：

南越王赵佗氏，昔令龙川时，建池于湖之东。阻山带河，四面平旷。登山景望，惟此为中。厥土沃壤，草木渐包。垦辟定规制，北距十里，东距五马峰五里，南距河里许，相对即海珠山也。凿井于治之东偏，曰越井，取春秋时为南越，战国属楚为百粤，秦首置南海，即以龙川隶焉。则越之封，肇于春秋，而龙之壤，则启自越王佗也。井周围为二丈许，深五丈。虽当亢旱，万人汲之不竭。其源出山，泉极清洌，味甘而香。自秦距今，八百七十余年，其迹如新。稽《史记列传》，称汉既平中国，而佗能集扬越，以保南藩称职贡，则佗之绩，良足为多。又秦徙中县之民于南方三郡，使与百越杂处，而龙有中县之民四家。昌明祖以陕中人来此，已几三十五代矣。实与越井相终始，故记之如此。乾符五年十月之吉，邑人翰林学士韦昌明记。

韦昌明生在长在龙川，是当地历史上第一个中进士的人。据雍正《广东通志》记载："韦昌明，龙川人，好学，工辞赋。"由他所忆乡邑情形，较为可信。这篇文章收录于《全唐文》，是现今观察当年佗城景象、城池营建及施政策略的最早文献。

从这篇文章来看，当时佗城的地理环境相当优越，在山（嶅山）川（东江）之间，四面平旷、土地肥沃。看到如此出色的景象，赵佗便决定在此地建城立政，扎扎实实做好地方官。

赵佗任龙川县令期间，为当地开发作出了不可磨灭的贡献，无愧为开发广东的第一功臣。刚一上任，他便动工修建城郭、练兵场、军事营寨，筑城营防，使龙川首先成为南越一个重要的军事、政治据点。《广东名胜古迹辞典》记载："秦时故城为不规则方形土城，

越王井有“岭南第一井”之誉，至今仍能取水　摄影 / 韩帮文

用泥土夯筑而成，东至老城街，南至县前街，西至城头，北至北角塘，周长约800多米。”（《广东名胜古迹辞典》，第52页）这一土城，即秦时的龙川城。现在，古城旧基仍存。

城郭已经建好，县治已经确立，但并不意味着政权稳定。那个时候，刚刚建县的龙川就像一张白纸，着手下笔施政又谈何容易！

首先，毕竟北人南下，对南方全新的自然风物与人居环境很不熟悉，水土适应并不那么容易。其次，虽然仿效秦制建立了初步的政权与社会治理框架，但基层治理机制从零开始建起，工程可谓浩繁棘手。而最紧要的是，赵佗军队虽然用尖兵利器征服了当地社会与百越民众，但统治并不稳定，甚至面临统治崩溃的危机。《汉书·高帝纪》称：“越人之俗，好相攻击。”对于南越人好斗的品性与彪悍的民风，赵佗在征战中已经领教过，虽然已经攻克了他们的地盘，但毕竟人数不占上风，稍有不慎，便会全盘皆输。

这对于刚从军事家过渡到政治家的赵佗来说，以上诸种问题无疑对他产生了巨大挑战。

对于当时南越社会的复杂景象，林岗先生在《秦征南越论稿》中进行了非常敏锐细致的观察，基本上涵盖了赵佗治下的龙川最初局面：

秦人所面对的是这样的百越社会：首先，这是一个地理相当孤立的大流域地带，百越民族世代繁衍生息于此，形成适应其生存的文化。秦人可以武力吞并，但武力不能消弭彼此民族的界限，而民族的界限尚存，统治则不能稳定。其次，彼此社会发展程度差异巨大，秦与岭南百越的相遇，是王朝国家队对部落、酋邦的两造相遇。秦人可以凭借军事优势占领要冲之地，但不能如同中原一样进行落实到基层的郡县制统治。再次，入岭的中原人要面临少数人统治多数人的局面，尽管不甘心臣服的百越人可以继续向西南迁徙，但留下来的越人足以构成对秦人的数量优势。

上述三方面的情形归结到一点，就是秦人对岭南百越可以进行点的占领，但不能进行面的管治。对秦人而言，军事行动过后，一定要经历一个由点的占领到面的管治的漫长过渡期。秦人如不能过渡到面的管治，则外来者的形象始终存在，最终被驱离的命运是可以想见的。

（《秦征南越论稿》，第149—150页）

在政权初建的关键时刻，赵佗再次展现出了他思想的睿智与气魄的宏阔。为了实现“由点的占领到面的管治的过渡”，也为了彻底化解政权潜在风险，他放下身段，入乡随俗，并将推行民族与文化融合作为自己最重要的施政方针，用韦昌明《越井记》中的话说便是“与百越杂处”。

05

“与百越杂处”的前提是北方移民的流入，是移民所附带的中原文化南下。

南征将士本身就是移民的一部分，除此之外，秦王朝多次向岭南移民。《史记》记载：“三十三年，发诸尝逋亡人、赘胥、贾人略取陆梁地，为桂林、象郡、南海，以谪遣戍。”（《史记》卷六）秦始皇刚平定南越，便发配大量秦人到遥远的南方戍边垦田、开发边疆。此后，朝廷源源不断地补充新的垦卒，这些人带来了中原先进的生产方式与文化。遣戍制度是秦朝的一项国策，促进了边疆开发与文化蕴育，但这些移民所经受的政治磨难与生命悲剧，后人也不能忽视。

这些移民一部分流入龙川。除此之外，赵佗还上书朝廷请求派遣移民。公元前 209 年，秦二世即位，赵佗上书，“求女无夫者三万人，以为士卒衣补。秦皇帝可其万五千人”。（《史记》卷一一八）因为持续的遣返，南越大地东江、西江、北江流域的小冲积平原上，星罗棋布地分布着“中县之民”自为聚落的城池与村庄。

在大量移民的基础上，赵佗以他的远见卓识，推行入乡随俗的管治手法与民族融合政策。中原人和百越人这两个不同的族群，通过婚姻嫁娶、互通贸易、技术交流等方式，逐渐实现了血缘和文化的交流，使百越人逐渐接受更为先进的中原文化，大大推动了龙川的社会开发与文化发展。其中，联姻互婚是弥缝族类关系最迅捷、最有效的方式，因为它在一代人之间就可以实现语言、习俗、技术之间的交流，进而推动族类之间文化的相互体认以及利益和权力的分享。

除此之外，赵佗还在龙川兴办学校，借此推广中原汉字与文化，在文教领域做了开创性的工作。义都镇嶅山半山腰至今仍存有一处龙潭寺遗址，相传，龙潭寺就是当时赵佗的书院。

赵佗的“与百越杂处”的民族融合策略，开启了中原文化在龙川落地生根的历史进程。那么，从历史的维度又该如何评判赵佗以及其他首批“南下干部”在南越大地所推动的民族融合与文化互通?

简言之，赵佗等人的观念与行动改变了秦征南越的性质，与欧洲国家的军事拓殖形成了根本性的差别。对此，林岗先生有过精辟的论述:

秦征南越，其行动和形制并不是统一国土，而是武装拓殖。国家变强大之后，在一段时期内它的力量总是要外溢的，这是国家此种政治机器的本性。秦征南越，是我们在人类历史上看到无数类似文明扩展的事件之一，它不是最早的，也不是最晚的。它有意义之处，显然不在于历史上重现了无数次的武装拓殖行为的道德属性，而在于它颇具自身文化特性的展开方式。秦人的行动提供了一个范例，让我们观察到中原文明是如何一步一步地将周缘不同民族的势力最终融合在一起。在这些绥靖的历史中，军事入侵和占领仅仅是序幕，接下来的还有人口迁徙、权力分享、技术交流等内容，由此造成民族相互间界限最终的消失。

这与欧洲世界的殖民活动相比，显示出不同的文化性格。自古至今欧洲人带动的殖民行为只有两种结局：或者将原居住地的民族赶尽杀绝，建立与自身同源同族的殖民地；或者招致原居住地的人民反抗，最终黯然退场。秦人进入岭南，既未对百越诛杀灭族，也未被越人祛除离去，而是促成了民族融合，使民族界限消失。中原国家所代表的文明力量的外溢结出了不同于欧洲殖民的果子，这实在意味深长。

……以秦人占领岭南为标志，东亚大陆国家层面民族融合的大熔炉正式扩展到这块大陆濒临东南沿海的极限之地，由此，黄河、长江、西江三大领域的民族生活开始了融为一体的历史进程。

（《秦征南越论稿》，第 131—132 页）

古希腊哲学家赫拉克利特有一句名言“战争是万物之父”。（《赫拉克利特著作残篇评注》，第 71 页）这句话说得未免过于残忍，但战争的的确确在很大程度上推动了历史的演进，只不过有些战争酿成了人类的灾难，有些则成就了社会的发展；有些战争让人万劫不复，有些则让历史记住了某个或某些人。秦征南越是一场伟大的战争，这次历史性的进军，是中原文化第一次有组织的南下，由此改变了南越文化的轨迹。这场战争中的赵佗，最终成为历史的伟人。

赵佗在龙川建造的城，也不过是一座小城。在赵佗所推行的“与百越杂处”民族与文化融合政策的促进推动下，中原文化在此地生根发芽，犹如星星之火，日后便燎原于南越大地。

06

倘若不是上一级行政长官南海郡尉任嚣的一次突然邀约，赵佗也许会一直待在龙川，在这块土地上兢兢业业地经营下去。

赵佗已在多年的县令生涯中展现出优异的治理才干，富有远见卓识，深具谋略，且不乏灵活轻盈的手腕，具备一个卓越政治家的基本素养。或许他的内心已经有更宏伟的打算，但龙川治理刚刚有些起色，他应该不会从苦心经营的事业中遽然抽身。

但是，历史已经等不及，南越已经等不及，都要赵佗从龙川一跃而出，站在政治舞台更中心的位置，由他来呼风唤雨。

公元前206年，发生了几件大事。曾经不可一世的大秦王朝，经过陈胜吴广起义之后，竟轰然崩塌；项羽设鸿门宴，欲杀刘邦而不得；项羽自称西楚霸王，楚汉相争胶着不下。就在这一年，遥远的岭南发生了一件看似很平常的小事，大秦的南海郡尉任嚣病了，而且病得很重。

几件大事和一件小事叠加在一起，引发了岭南一次空前的人事变动与政权变更。

病榻之上的任嚣作了一个决定，让驻守在五六百里外的龙川县令赵佗十万火急赶来郡治番禺（今广州）。弥留之际，任嚣对赵佗说了这样一番语重心长的话：

“闻陈胜等作乱，秦为无道，天下苦之，项羽、刘季、陈胜、吴广等州郡各共兴军聚众，虎争天下，中国扰乱，未知所安，豪杰畔秦相立。南海僻远，吾恐盗兵侵地至此，吾欲兴兵绝新道，自备，待诸侯变，会病甚。且番禺负山险，阻南海，东西数千里，颇有中国人相辅，此亦一州之主也，可以立国。郡中长吏无足与言者，故召公告之。”

（《史记》卷一百一十三）

秦已覆亡，天下大乱，南海郡就像一只断了线的风筝。身为秦王朝委派在岭南的最高长官，任嚣审时度势，已为这只风筝找到了方向——自立为国。可惜的是，刚有了宏大构想却病入膏肓，霸业难成。任嚣只好找来心腹赵佗，将自己的心志对他全盘托出，期望他在岭南自立为王，以完成自己未竟的事业。

赵佗果然没有让任嚣失望。任嚣一死，赵佗接任南海郡尉后，旋即给连接岭北的横浦关、阳山关、湟溪关下了檄文，命其“盗兵且至，急绝道聚兵自守！”（《史记》卷一百一十三）斩断与北方中原的联系后，赵佗迅速诛杀秦朝委派在南海郡的官员，清除人事隐患。紧随其后，赵佗以南海郡为基点，以雷霆万钧之势出兵桂林郡和象郡，在兼并了三郡之后，正式建立南越国，自号南越武王。（注：关于南越国建立的确切时间，学界仍有不同看法，有公元前204年和公元前203等说法）国都定于番禺。南越国全盛时疆域包括现广东、广西（大部分地区）、福建（一小部分地区）、海南、香港、澳门和越南（北部、中部的大部分地区），“东西万余里”。（《汉书·南粤传》）

领土扩大了，领土内的民族关系亦变得更为复杂，赵佗又该如何应对这个全新的局面？为此，赵佗将在龙川社会管理的经验用到国家治理当中去，并收到了意想不到的效果。对于赵佗经营南越国的施政策略及其历史意义，《中国地域文化通览·广东卷》说得非常清晰、非常透彻：

赵佗在岭南建立南越国，实际上是继承了秦王朝在广东的统治。

南越的立国维护了广东的安定，使秦朝统一成果得以巩固。

赵佗用中原文化礼制治理南越，办学教民，推广中原文化，“以诗书化固俗，以仁义结人心”。赵佗将在龙川时所奉行的“和辑百越”“与越杂处”等政策进一步推行成治国方略，并贯彻于治理南越国的始终。赵佗是中原人士，其推行的“和辑百越”不仅仅是一个民族政策，更是一种文化策略，促进了中原文化与以南越族文化、骆越族文化和西瓯族文化为主体的南越国内的“百越”文化的融合。汉朝建立后，南越王臣服于汉，奠定了汉越文化融合的基调，是广东文化形成中的极为重要的因素。而“汉越杂处”既保留了南越文化，又推动了中原文化在广东的传播，加快了汉越文化的交流，中原文化进一步在南越得到巩固，故南越国成为广东文化史上一个重要转折时期。

（《中国地域文化通览·广东卷》，第 55 页）

正是源于赵佗建构并经营南越国，南越文化第一次出现了根本性的转换。中原生产与生活方式的引进、制度文明与精神文明的融入，让土生土长的南越文化有了首次重铸与再造，被抹上了“汉化”色彩。除此之外，赵佗还通过贸易等方式将异域文化和海洋文化带进岭南，开启了岭南文化的辉煌时代。

赵佗经历了秦始皇、秦二世、汉高祖、惠帝、吕后、文帝、景帝、武帝八朝，到武帝建元四年（前 137）去世，在岭南逾几十载，据传寿过百岁。自始至终，他都在为岭南这片土地的安宁，为这片土地上的族类和睦与文化融合，进行不懈努力。公元前 112 年夏，汉武帝刘彻发动对南越国的战争，并于同年冬季灭亡南越国，近一个世纪的南越国就此落下帷幕。

深冬时节佗城景色　摄影 / 夏世焱

07

一个悬而未决的问题是：为什么任嚣在弥留之际选择了在龙川做县令的赵佗，将一番伟业交付给他去完成？或者说，为什么赵佗能够成就霸业，能够推动岭南文化的蕴育与发展？

这要从三个方面说起：时势，人，地方。

大秦王朝分崩离析前后，中原大乱，战火纷飞，历史充满太多不确定性。这本来就是一个政治格局重组、英雄与帝王迭出的时代，赵佗能走上历史的舞台，究其根本是时势使然。再者，赵佗经过在龙川做县令的历练，已经形成深厚的政治素养，再加上他与任嚣之间的信任关系，将重任交付于他理所当然。

从地理空间来说，任嚣之所以选择赵佗为其继承人，不能排除三个因素：其一，龙川县令赵佗控制着较强的军事力量，这是立国最基本也是最主要的前提；其二，龙川具有重要的军事战略地位，是抵御北方军事力量的强大屏障，南下南海郡腹地亦易如反掌；其三，龙川在赵佗治下已经积累了一定的物质基础、社会关系基础与政治基础，呈现出一种蓬勃的气象。

正是基于多重因素，任嚣于历史的关键节点，在一个关键的地方，选中了一个关键的人物；而赵佗在一个恰当的时机，在一个有利的地方创造了历史。三大因素缺一不可。

在赵佗的岭南事业脉络中，龙川是他发掘的第一桶金，意义自然非同寻常。龙川也正是因为优越的地理区位，以及赵佗在此治理有方，引入中原文化、推行民族融合，成为岭南文化史上的重要链条。从赵佗的龙川县到他的南越国，从最初的“与百越杂处”到后来的“和辑百越”，是一脉相传的历史关系。倘若将赵佗创立南越国、推行“和辑百越”的民族与文化政策，当作岭南文化蕴育与发展的历史起点，那么古龙川县便是先行试验地。

《水经注》卷三十七说：“又迳博罗县，西界龙川，左思所谓目龙川而带垌者也。赵佗乘此县而跨据南越矣。”这也从一个方面说明龙川与赵佗成就大业的关系。对此，王元林先生说：“佗城为岭南最早的城市文明之遗址，也是伟大的华夏文明史的一部分。”（《龙川古道》，第 209 页）

移民及文化流动，是人类文化发生突变、飞跃，产生新文化形态或体系的重要力量，这在岭南地区体现得尤为明显。回顾岭南文化史，移民与中原文化南下、中原文化与土著文化的融合，既是一条重要的时间脉络，又是一种根本性的历史动力，更是一种文化观念与思维方式。文化发生学意义上的历史源头，便是秦征南越与南越国创立，由此释放出南北文化融合与岭南文化形成的磅礴原动力。在这两件重大事件中，赵佗这个人与佗城这座城，是不容忽视的历史路碑。由此来看，佗城是一个历史意象与文化象征。

所以，不妨去龙川，去赵佗所创建的佗城，去感知岭南文化的最初脉动，去寻找“岭南何以为岭南”的历史缘由。

（注：林洪浩对本文亦有贡献）

南下！不断南下！

01

龙川是客家古邑，是广东省县境内纯为客家民系的十六个县之一。

不禁要问：客从何来？从何时来？

何为客？又何为主？

客家是汉族民系之一，是唯一一个不以地域命名的民系，是世界上分布范围广阔、影响深远的民系之一。仅从字面意义来看，所谓“客”，便是“外来人”，更准确地说，是“从北方来的外地人”，与“土著人”相对应。

客家先民始于秦征南越时期，后经过北方移民五次大迁徙，最终形成了一个流布广泛、遍及世界各地的民系。据统计，目前全球约有 8000 万客家人，中国主要分布区域包括广东、江西、福建、广西、四川、海南、湖南等地，以及港澳台等地区；国外约 1500 万人，

佗城民居　摄影 / 韩帮文

散居于 80 多个国家和地区，其中东南亚是客家人最主要的分布区。

在广东，客家是三大民系之一，另外两支是广府和潮汕。其实，三大民系的形成皆源于北人南迁，判断与分类标准主要包括：地理环境的差异，移民路线与迁入时间的不同，以及土著居民成分、南北文化融合程度、居民文化个性与地域文化的区别。大致说来，广府人重商，商业文化发达，语言以粤语为主；客家人重教，耕山为业，农耕文化兴盛，居民语言为客家话；潮汕人亲海，擅精耕细作，海洋文化特点突出，居民语言为潮州话。除此之外，粤西雷州和少数民族，又以自己的文化特质和风格，在广东文化大版图中占有相应地位。

就地域分布而言，广东客家人据有粤东北和粤北等地，梅江、东江和北江流域，基本上为客家方言覆盖地，主要聚集地则包括梅州、河源、惠州、韶关等。

客家迁徙有“五次说”“三次说”之论，也有少数学者提出“六次说”。“五次说”最主要的代表人物便是“客家学”的开创者罗香林先生。他在名作《客家源流考》中，对客家移民的五次迁徙梳理得清清楚楚：

第一次：受五胡乱华影响，自东晋始，大批中原人举族南迁至长江流域。

第二次：唐末的黄巢之乱，迫使客家先民继续南下，到达闽、粤、赣接合部，成为客家的第一批先民。

第三次：随着宋高宗的南渡、元人的入侵，客家先民迫于外患，不得不开始第三次的迁移。

第四次：明末清初，客家内部人口激增，因资源有限，大批闽、粤客家人从客家大本营向外迁移，最远内迁至川、桂等地区，历史上的“湖广填四川”即发生在此时期。

第五次：受广东西路械斗事件及太平天国运动影响，部分客家人分迁至广东南部和海南岛等地。

而“六次说”，则是在“五次说”的基础上增加了秦汉时期的移民南下，其代表性的事件便是秦征南越与北人遣戍。

一路向南，是文化迁移的方向。北人一路向南，不断南下，又不断流播，找到了安居之所，并在与当地自然、人文与历史资源的互动与交融中，才最终形成了文化底蕴深厚的客家民系。

02

早在新石器时期，龙川大地上已有人类繁衍生息。尽管缺乏相关历史记载，但20世纪60年代以来在东江上游的考古发现证明，在石器时代，龙川境内就有不少人类的足迹。先秦时期，在龙川生活的主要民族为南越人，其特征是“断发文身、舟楫而行”。在“从北方来的外地人”到来之前，他们是这里的“主人”。

在北人南迁与客家民系的形成过程中，龙川因为突出的地理与交通区位，起到了重要作用。谭元亨先生用了两个“当之无愧”来说明龙川的独特地位：龙川作为客家大迁徙中一个重要的文化节点，当之无愧；龙川承担起“客家古邑”的美誉，当之无愧。（《客家古邑论》，第40页）

龙川客家移民是整个客家移民的一部分，其迁徙的路线时间与整体路线图、时间表大致相当，但又有所不同，呈现出了自己的特点。关于龙川客家移民的迁徙与形成，王元林先生在《龙川古道》中有过详细的论述，谨作引用。

唐末黄巢起义，中原动荡，北人为避战乱南迁，不过大多迁至福建、江西等地便滞留下来，迁往广东的为数甚少。北宋末期和南宋末期，中原再次掀起移民浪潮，人数多、规模大、时间长、素质高、分布广是其重要的特点。当时龙川为循州治所，交通地位进一步凸显，成为南来北往以及兼顾东江、韩江的要冲，由此成为客家人南迁的重要站点。正是在这样的背景下，龙川客家移民的高潮随之出现。《龙川姓氏渊源》载，龙川现存的一些姓氏先祖，于两宋时期迁居龙川的居多，其迁入路线主要有两条，一条由江西经福建迁嘉应州（今梅州）再转迁龙川，一条由江西直接迁入县境。

经宋至明初的客家移民数量，在龙川得到了较快增长，龙川的规模与边界亦随着移民的迁入逐渐定型。到了明末，已经确立了龙川的今日建置规模。

大致从明朝中叶开始，龙川又出现了客家人向外迁移的情况，甚至还向江西回迁。到了清代，龙川居民基本稳定下来，迁入和迁出数量都不多。为了开发山区，龙川居民多在县内搬迁，由较富庶、人口较稠密的沿江两岸和丘陵地带逐步向山区迁徙。

这些南迁入县的客家先民，在龙川山区聚族而居，历经千年历史沧桑，形成了相对独立的地域方言、风俗习惯、经济生活、精神气质。就居住而言，围龙屋是最显著的建筑形式。

龙川县内多山，山间盆地、河流冲积平原地带多为土著古越人所占据，因此，自中原南迁的汉人，多居住在偏僻的山区，不时受当地人的攻击。为了团结求生存，他们不得不聚族而居，具有防御性的城堡式住宅——围龙屋——便由此诞生。围龙屋始于唐宋，盛于明清，一般而言，客家聚集地都会建有围龙屋，只不过，各地的围龙屋风格又有一定的差异。龙川的围龙屋是方形的，称作“府第式”“角楼”，其形制接近北方传统的“四合院”，这就和梅州兴宁的半圆形围龙屋、福建的圆形客家土楼有了明显不同。丰稔镇黄岭村“珠树分荣”叶屋，便是当地方形围龙屋的典型代表。

03

随着一次次的移民浪潮，包括龙川在内的广东客家民系逐渐形成。但形成客家人，并不意味着同时知道自己是客家人，而且事实上，客家人知道自己是客家人是后来的事情。居住在广东的客家人，到底是从什么时候知道并称呼自己是客家人的呢？广东客家人的身份意识，经过了一个不断建构的过程，下面就结合知名学者程美宝教授的《地域文化与国家认同——晚清以来“广东文化”观的形成》，简单谈一下这个问题，权作一个题外话。

简言之，客家人的身份意识，是在与广府、潮汕等民系的比较、冲突与论争中逐渐形成的。从中我们会发现，三大民系之间绝非铁板一块，并不具有一种天然的亲密关系，而是在历史中曾经发生过火药味甚浓的对抗。

宋元时期，三大民系都已逐渐形成，其中，广府人在地理条件优越的珠三角地区占得先机，再加上种种历史原因，在广东政治、经济与文化格局中处于中心地位。尤其到了明清之后，这种中心地位愈加凸显，不少史书、地方志等文献的著述多出自广府文化人之手。也就是说，对广东各族群文化的认知与定义，话语权掌握在广府人手里。

根据程教授的研究：在广府人笔下，潮州、客家，以及瑶、壮等人群，和自己有着很大的差异，首先表现在方言和风俗等生活表象上，而根源则是由于这些人群汉化的水平不高，整体低于广府人。显而易见，这一论断有失偏颇。

19 世纪中叶以前，有关客家人的描述，一般都映现在广东其他方言群的历史叙述当中。相比于福建人对于客家史叙述偏正面，广东出于“粤人”或“潮人”之手的文献中，有关客家人的记述，却大多是负面的。

咸丰至同治年间，广东不少地方客家人与其他民系或土著人的矛盾日趋尖锐，械斗之风不可遏止；在一些记叙发生械斗地区的地方志中，客家人常常被称为“匪”，这就把敌我之分推至极端。由此，客家人的自我意识开始高涨。客家人的历史叙述，便从一个他人撰写的模式，演变为自己为自己写史的模式。在这一过程中，自己逐渐意识到自己是客家人，对自己所处的族群开始产生强烈的身份认同。

客家人一旦掌握文化资源与话语权力——如著史、撰文、修志，便要对自己的身份和先祖源流作出自己的表述。同广府人、潮州人一样，客家人证明自己的文化身份正统性的方法，同样是用“中原来源说”和“汉种”概念。

广府与客家方言群体都在说明自己是“汉种”的同时，往往含有要把别的方言群体划为“他种”的倾向。1907 年，上海国学保存会出版了由顺德籍著名学者黄节编撰的《广东乡土地理教科书》，其中《人种》一章，将客家人划出“汉种”之外，与“福佬”和“蜑族”并列为“外来诸种”。此举旋即引起“客家”和“福佬”文化人的抗议。同年 3 月 29 日，客家人主办的《岭东日报》上，发表了一篇名为《广东乡土历史客家福老非汉种辨》的论说文章，对黄节的说法提出强烈抗议。

与此同时，以丘逢甲和邹鲁为代表的积极投身革命的客籍人士，成立了“客族源流调查会”，证明客家人确属汉种无疑。结果，上海国学保存会在 1908 年再版的《广东乡土地理教科书》，干脆将图表上有关客家部分全部删去，以避开这个敏感的话题。但是，文化偏见引发的敌对心理并没有随之消除，反而愈加激烈。

为了进一步消除广府人的歧视与偏见，针对黄节《广东乡土地理教科书》所引起的争端，邹鲁和张煊写就了《汉族客福史》一书。在书中，两位作者力图申明客家人和福佬人身上汉族血统的纯粹性。

与此同时，客家文化人在汕头主办的《岭东日报》，继续发表文章来反复强调客家文化来源的正统性。所有这些舆论和组织力量，都对政府形成了一定的压力，最终迫使上海国学保存会在报纸上刊登启事，表示“拟于再版时改正，其余未经售罄之书，概行停售”。

客家士子在这次文化争端中得胜，绝非偶然，而是暗合着历史的逻辑。这同时也预示了客家人日后在广东的政治、社会与文化舞台上，将扮演更重要的角色，其身份意识也将更加凸显。

在 20 世纪 30 年代广东的文化与学术界，最积极论证客家人汉族血统的客家学者，非罗香林莫属。一直到今天，罗香林仍然被视为“客家学”的奠基人。

罗香林不仅是一位学者，还一直与民国时期的很多客籍政治人物关系密切，他自己也一度在广东省政府供职。其政治角色和社会关系，使他同时具备了学术与权力两方面的资源，有助于强化和推广他的学术观点，并以学术研究的方式，通过《客家研究导论》和《客家源流考》等著述，成功地在 20 世纪上半叶塑造了客家人的历史和形象。

在罗香林发挥的学术影响的背后，是客家人在民国时期政治和社会地位的上升。自辛亥革命始，客家人在广东政坛的地位与日俱长，不但人数众多，且身居要职，比如丘逢甲、陈炯明、邹鲁、陈铭枢、陈济棠、罗卓英等。罗香林曾著有《国父家世源流考》，以证明孙中山属客家人。此书得到了蒋介石、邹鲁、陈立夫、于右任等人的支持，或者为其题签，或者为其撰序。

苏辙在龙川的十八个月

01

那是岭南八月的一天，一叶轻舟沿着东江溯流而上，向上游重镇龙川缓缓驶来。江水要比往年浅一些，轻舟逆行起来，更显得艰难。

那是近千年前的一天，盛夏和现在一样炎热。江边的绿树郁郁苍苍，连同绵延无尽的青山，氤氲着浓重的暑气，就像轻舟上旅人的愁绪，化不开、驱不散。

大文人苏辙坐在这叶轻舟上，脸上挂着疲倦，风尘仆仆、心事重重。一路陪伴他的，是儿子苏远，行装轻便，默默地坐在身边。也许，江山的清风可以拂去几丝闷热、几缕忧愁。

他们对一路的风景极为陌生，也无心观赏，更不知道这条水路到底会抵达怎样的彼岸，迎接他们的又是怎样的命运。一切都不可知，一切都无可把握。

四川眉山人苏辙这次浮荡于岭南的山水，坐舟到龙川，委实是一种迫不得已的举动，他没得选择，唯有让血肉之躯浪迹于南方以南的山水之间。北宋元符元年（1098 年），苏辙被诏移居循州（治所即今天的广东龙川佗城），也就是说，他以贬官的身份来到龙川，犹如一颗弃棋被朝廷抛在当时瘴气弥漫的外化之地。

苏辙的文化才情与诗文功夫自然非凡了得，尤擅政论与史论，影响深广，对此，历史早有定论，“唐宋八大家”“三苏”等名号绝非浪得虚名。对于苏辙诗文的水准，他的哥哥苏轼曾这样说：“子由文实胜仆，而世俗不知，乃以为不如。其人深，不愿人知之，其文如其为人，故汪洋淡泊，有一唱三叹之声。”（《答张文潜书》）苏轼此语虽带谦逊，但不失根据。

同样能决定苏辙命运的，是其一身文人风骨。他虽然生性稳重，但也有仗义执言的气格，导致其触怒权威，不被赏识，甚至连遭贬官。纵看苏辙一生，曾拜相参政，但也仕途坎坷，多次遭受贬谪，几次重要的贬官经历让他流落到四野八荒：

1069 年，因反对王安石变法，被贬出京；

1079 年，因受乌台诗案牵连，被贬为筠州（今江西高安）盐酒税，五年不得升调；

1094 年，上书反对宋哲宗恢复熙宁新法，被贬为知汝州；几个月后，连遭贬黜；

1097 年，被贬为化州别驾，安置雷州处分。

把不放心的人物发配到一个放心的地方去，这是唐宋时期中国最高权力惯用的伎俩。眼不见为净，是死是活看天意，这多少比动不动杀头要温柔一些。在明清，满门抄斩可是常有的事情。苏辙生活在宋代，并没有惹来杀身之祸，这姑且算一种幸运。但我们通过苏轼在岭南流寓七年之后，北迁途径大庾岭时，老泪纵横之下写下的诗句，便可看出贬官的惨烈命运："问翁大庾岭头住，曾见南迁几个回？"（《赠岭上老人》）与苏轼同时代的秦观，作为婉约派的一代词宗，就在即要回迁的时候，死在了广西的藤县。

著名历史学家陈寅恪先生有一句名诗"最是文人不自由"（《阅报戏作二绝》），大抵可以用来指称苏辙、苏轼、秦观这类文人的悲惨境遇。

02

苏辙东江乘舟，载不动许多愁，有一缕沉重的愁绪和他的哥哥苏轼有关。

在这之前，他刚刚和苏轼诀别，地点就在岭南，在另一个水边。在中国审美文化中，水边一直是一个氤氲着悲情的场景。水上的风总是那么容易吹动伤心人的眼泪，水里的影子飘荡着沉重的言语，水边的小路通向无尽的远方。从"所谓伊人，在水一方"，到"风萧萧兮易水寒"，再到"杨柳岸，晓风残月"……在水边发生的故事，似乎都并不那么美好，水边历经历代文人的吟咏，凝聚成一个特别深刻、特别感人的美学意象。

作为大文人、大学者，苏辙当然深知水边的悲情色调，也早已习惯羁旅与漂泊，但让他想不到的是，最惊心动魄的别离竟会发生在雷州半岛的南海之滨。

用情越深，离别就越显得伤感。当数十年的兄弟之情集于一点爆发的时候，便有一种排山倒海的气势。苏轼、苏辙兄弟的情感到底有多深呢？可以这样说，两人兄弟情谊是中国文学史与文化史上的典范，今人对苏辙的认知，多便是从“二苏”关系开始的。

苏洵给两个儿子起名时，就曾根据自己的期许，分别予以“轼”字和“辙”字。“轼”裸露在外，锋芒毕露，容易与外物发生碰撞。而“辙”却贴地前行，默默转动，低调得不太引人注目。父亲的良苦用心，由此可见一斑。而事实上，两人的一生也确确实实应验了父亲的预言，一个恃才傲物、不合时宜，一个恭谨内敛、深沉稳重。两人性情不同，但情意深重。几十年间，兄弟俩诗词唱和纷纷扬扬，简直像写情书一样，无话不说，无心不谈。对于小自己两岁的弟弟，苏轼曾说：“岂是吾兄弟，更是贤友生”（《初别子由》）；“嗟予寡兄弟，四海一子由”（《送李公择》）。而对于哥哥的厚意，苏辙则言：“自信老兄怜弱弟，岂关天下无良朋。”［《次韵子瞻秋雪见寄二首（其一）》］

二人芝兰同芳，人生路上许多时候保持一致步调，从小一起玩耍，一起读书，又一起赴考、任官……对此，《宋史·苏辙传》说：“辙与兄进退出处，无不相同。”甚至，就算贬官这种倒霉的事情，两人竟然也能节奏相当。1097年，苏轼从广东惠州被贬到海南儋州，苏辙亦被贬谪到广东雷州，两人同时到了离中央最远的地方，仕途与人生几近到了最落魄的地步。这一年，苏轼六十岁，苏辙五十八岁。

这一年的五月十一日，两兄弟终于在广西藤州见了面。从藤州重逢，再到雷州诀别，对于苏氏兄弟的这段经历，林语堂先生曾用非常细腻的笔触写出了两人的心境：

当地（藤州）是个穷县份，兄弟二人到一个小馆子去吃午饭。子由吃惯了讲究的饭食，对那粗糙麦面饼实在难以入口。苏东坡把自己的饼几口吃光，笑着向弟弟说："这种美味，你还要细嚼慢咽吗？"他们站起身来走出小铺子去，带着家人慢慢向前走，尽可能慢走，因为他知道一到雷州，就要立刻渡海了。

……苏东坡必须出发了，子由送他到海边。离别的前夕，兄弟二人及家人在船上过了一夜。苏东坡的痔疮又发，甚为痛苦，子由劝他戒酒。二人用一部分时间一同作诗，苏东坡试探出子由最小的儿子的诗才。这次离别是生离死别，真是令人黯然销魂，一直愁坐整夜。

（《苏东坡传》，第253页）

六月十一日，两人别于海滨。对于离别的场景，苏辙后来在写给哥哥的一首唱和诗里有这样的记述：

我迁海康郡，犹在寰海中。
送君渡海南，风帆若张弓。

笑揖彼岸人，回首平生空。
平生定何有，此去未可穷。
惜无好勇夫，从此乘桴翁。
…………

在这首名为《次韵子瞻过海》的唱和诗中，苏辙鉴于时局艰险，甚至劝哥哥要做好终老岭南的思想准备：“有问何时归，兹焉若将终。”从家乡眉山，到京城，再到一路南下的贬谪之地，两人也许对人生归处有过种种设想，但一定不会想到再偏远不过的岭南，更不会想到，岭南一别之后，竟然再也没有会面。1101 年，苏轼在拖着老迈的身躯有幸从岭南折返之后，病殁于常州。哥哥去世前，因为见不到弟弟而大憾大恸，弟弟接到噩耗则“号乎不闻，泣血至地”。

在岭南最后一次相遇，又最后一次离别，苏家兄弟与岭南的关联不可谓不深。苏家兄弟雷州一别，对二人而言，是生命中的莫大遗憾；对岭南而言，则具有文化史的意义。

苏辙贬居雷州仅一年，存诗二十九首，全是他和兄长之间的唱和之作。由此，时隔千年之后，在穿越琼州海峡的鸿雁传书中，我们仍能清晰感受到，苏氏兄弟远离中原与故土、浪迹岭海的困顿境遇与寂落情绪，以及逆境中人格的挺拔、超脱与坚韧。

当然，还包括兄弟二人彼此慰藉、相互取暖，在对方最困厄的时候，给予强大的力量。苏辙不习惯海滨生活，吃不惯腥膻之物，来到雷州十来天就瘦得“帽宽带落惊僮仆”（《闻子由瘦？儋耳至难得肉食》），苏轼便劝弟弟要入乡随俗，适应当地的生活。苏辙在寓

据当地历史记载，佗城苏堤由苏辙带领百姓修建，至今保存完好　摄影 / 夏世焱

所后面看到一株被砍伐的月季花，残根在雨后又冒出了新芽，不禁感叹“势穷虽云病，根大未容拔”（《所寓堂后月季再生与远同赋》），他的哥哥则和之“也知宿根深，便作紫笋茁”（《次韵子由月季花再生》）。

正是源于兄弟间的惺惺相惜，苏辙虽仕途失意、命运跌宕，但也能尽量坦然面对挫折，尽可能将一切得失与荣辱置于身外。可以说，哥哥的抚慰与鼓励，是他立足于岭南的重要的乃至唯一的精神支柱。

一年之后，苏辙被命再迁循州。而就在四年前，苏轼贬来惠州。一个是东江上游重镇，一个是东江下游名城，苏家兄弟与东江似乎有千年宿缘。两地之间水路不过两百里，兄弟二人抵达的时间却错开了四年，这似乎又是一种阴差阳错。

苏辙到循州，绝非是为官一方，而是脱掉乌纱帽流寓此地，不准住官舍，处境很不乐观。为此，他接受了哥哥的建议，留家罗浮山下，单独与幼子苏远乘小舟赴循州的治所龙川。对于这一行程，他日后在《书白乐天集后二首（之一）》中，曾这样记录：

> 元符二年夏六月，予自海康再谪龙川。冒大暑，水陆行数千里，至罗浮，水益小，舟益庳，惕然有瘴暍之虑。乃留家于山下，独与幼子远葛衫布被，乘叶舟，秋八月而至。

一个六十岁的老人，在陌陌青山与缓缓流水中，背负着诸多沉重，慢慢驶近龙川。

03

初来乍到的苏辙，在龙川人生地疏、水土不服、语言不通、居无定所。一开始，他暂居在城东一座寺庙的僧舍里，“闭门索然，无以终日”。[《书白乐天集后二首（之一）》] 他自己带的书不多，就在邻里之间借书看，结果从一姓黄的邻居那里找来一部白居易文集。

白居易是唐代大诗人，我们后人所知晓的往往是他现实批判的一面。他的确写了很多针砭时弊的讽喻诗，也曾响亮地提出“文章合为时而著，歌诗合为事而作”这一颇具社会责任感的文学主张，但与此同时，他也是一位懂得闲情与乐趣的生活家，深谙退隐的妙机与散淡的智慧，“闲适诗”这一诗歌门类就由他首创。苏辙在人生的至暗时刻，重新“遇见”了白居易，就特别发现了白居易达观、闲适的一面：

乐天少年知读佛书，习禅定，既涉世履忧患，胸中了然，照诸幻之空也。故其还朝为从官，小不合，即舍去，分司东洛，优游终老。盖唐世士大夫，达者如乐天寡矣。予方流转风浪，未知所止息，观其遗文，中甚愧之。

[《书白乐天集后二首（之一）》]

以旷达洒脱的白居易为镜鉴，苏辙对自己的一生进行了反思，发现自己对文化理想与社会担当过于执着，正因为如此执着，才落得这般地步，而且还不知道会不会变得更糟。虽然他也看到了白居易过于圆滑、世故与消极的倾向，但白居易闲适的生命哲学还是在他人生关键时刻给了他重大启发，那就是随遇而安、进退自如。

苏辙不再那么消沉，开始逐渐告别颓废，逐渐接受窘迫的境遇，在龙川这个古老而陌生的地方努力经营自己的生活，让身心都得到安顿与慰藉。既然命运给了自己一个休止符，那就干脆让它变为新的开端。幸运的是，苏辙在龙川遇见了改变的各种契机。

过了一段时间，家人也都来到龙川。苏辙用积蓄买了一座小宅，大小房屋共十间，房屋虽有破损，但略加修缮后，总算能遮挡风雨。他还跟儿子苏远在院子的空地上荷锄耕作，种起了韭菜、大葱、葵菜、芥菜等各种蔬菜。此时，苏辙的生活与陶渊明的“采菊东篱下，悠然见南山”无异了。而且，他还和乡邻多有来往，产生了深切的情谊。那位借给他白居易文集的“黄氏老”，就和他来往密切。黄氏老家里种有紫竹，苏辙就从他那里求得一根做成竹杖，“劲挺可喜”，然后经常拄着竹杖到黄家借书、饮酒。(《求黄家紫竹杖并引》)

苏辙入龙川的第二年闰九月，也就是说，这一年他在龙川过了两个重阳节。前一个重阳节暑气仍盛，后一个重阳节就变得秋高气爽了。“偶逢闰月还重九，酒熟风高喜不胜。”[《闰九月重九与父老小饮四绝（其一）》] 兴致即来，他便与父老乡亲把酒寻欢。对这位饱受贬谪之苦的老人而言，这是多么温暖质朴的一幕：重阳佳节，一些平日交好的乡亲父老，带着龙川当地所酿的美酒，坐在小院里，凉风习习，送来黄菊的清香，众人开怀畅饮。

他为邻里的盛情所感，为这种久违的淳朴友谊所动，内心不再黯淡，反而充盈着温暖。在《闰九月重九与父老小饮四绝（其二）》

中，他如此直接地表露心声：

获罪清时世共憎，龙川父老尚相寻。
直须便作乡关看，莫起天涯万里心。

当世间所有人对他憎恨的时候，当权贵容不下他的时候，他在龙川落了脚，被这片温热的土地与温良的人所接纳。由于龙川乡邻待他诚挚、热切，他感到龙川就是他的故乡，不再觉得自己是远谪万里的逐客了。

颇为巧合的是，他的哥哥苏轼也留有一阕词，同样说到把岭南当作故乡。在《定风波 · 南海归赠王定国侍人寓娘》中，他写道："试问岭南应不好，却道：此心安处是吾乡。"苏轼的好友王巩（字定国）因为受到"乌台诗案"牵连，被贬到岭南，其歌妓柔奴（别名寓娘）毅然随行。1083 年，王巩北归，苏轼为他设酒接风。席间，苏轼问柔奴岭南风土如何，柔奴欣然作答："此心安处，便是吾乡。"苏轼听了之后，大受感动，便作词以赞。想不到的是，十年之后，他自己却拖着年迈身躯到了岭南，也曾发出"不辞长作岭南人"的感慨。

纵观历史，一门两兄弟都来岭南，都发出甘作岭南人的意愿，实属罕见。这绝非一种偶然，而是岭南这块远离中央的土地确确实实有一种独特的魅力让他们心生感念，这里的山海、风物与人情曾在他们的心湖激荡起波纹，并以诗词的方式昭示给后人。

比较遗憾的是，在苏辙来到龙川之后，苏家兄弟间的诗词唱和与书信往来，因为距离遥远，明显减少了。苏辙曾将《书白乐天集后》寄给苏轼，苏轼亦曾因“久不得子由书，忧不去心”，便用《周易》为弟弟占卜，以知弟近况，求弟平安。（《东坡志林 · 记筮卦》）

话说回来，若要彻底放下，真的做到无欲无求，对于一个有抱负、有道义的儒家士大夫来说，尤其是对身陷贬谪之涯、心怀屈辱之悲的苏辙来说，并不是那么容易的事。

他常把满腹苦水向神灵倾诉，把希望寄托在神灵身上，写下青词《龙川二首》，主要用意在于祈求北归，祈求神灵使其否极泰来、化险为夷。苏辙在文中写道：“俯念穷困，稍垂宽宥，觉悟朝廷，解释罗网，骨肉安乐，相从北还。”他的愿望很简单，只求上天对他“稍垂宽宥”，不再那么穷苦劳困，只要能让他骨肉团聚、阖家北归就可以了。但是，当权者让他看不到希望，让他深感“北归无日，老而益穷”，想到自己年老体弱，不由得“常惧寄死南荒，永隔乡井”。

尤其是在第二年，苏辙的小儿媳黄氏在龙川死于瘴毒，进一步加重了自己的罪责，感受到命运的悲苦。他非常伤痛，非常愧疚，认为是自己“不善处世，得罪乎朝”所致，是“惟我夙业，累尔幼稚”。（《祭八新妇黄氏文》）

命运如此困顿，怎么办？更多的时候，还需自我解脱，自我安慰。苏辙在青词《龙川二首》中又曾说：“臣已自誓，屏去邪淫等观，冤亲普加慈恕，遇有方便，知五不为，或在庙堂，或在田野，并推此心，无有变易。”在他眼里，只要“遇有方便”，他还可重回朝廷；如未遇“方便”，亦可归隐“田野”。显而易见，他在龙川这里，已经看淡荣辱得失，纵然一生留在偏远的乡野，也无伤大碍。

所以，我们透过苏辙在龙川留下的诗文，可以看到一颗孤苦的灵魂，一种被这片古老的土地所感动、又想着离开这片土地的矛盾心境，一个真实且又生动的人。

04

在龙川，除了黄氏老及一众乡亲走进了苏辙的生活与内心以外，还有三个人不得不提，他们同样在苏辙窘迫的时候给予了及时的慰藉，让他感受到情感的温热，可以在“昼热如汤，夜寒如冰”的东江边上继续坚毅地生存下去，并在离开龙川之后，仍心存感激与怀念。

巢谷是苏辙的老乡，1099 年正月，他不惜以孱弱之身、古稀之龄自四川眉山徒步来龙川寻访苏辙。他乡遇见故知，况且又是在自己落魄之时，那种激动和喜悦可想而知。苏辙带他去看东江的舟楫穿梭，观鳌湖的落日余晖，听东山的晨钟暮鼓，一晃就是一个多月。

此后，巢谷还从龙川启程去寻访苏辙的兄长苏轼，可惜病卒于前往海南的途中。苏辙闻知后失声痛哭，并在龙川作《巢谷传》，追述巢谷一生的为人处世和精神品格。苏辙写道，当他们兄弟仕途坦荡、青云直上的显赫之时，巢谷从未找他们叙旧，而当他们兄弟落难，贬谪岭南之时，他却不畏万里，徒步前来探望。这种情重如山的义举，在功利尘世中难得一见。

第二位人物是潮州道士吴子野，粤东大名鼎鼎民间奇人，早年间，他曾在京城和苏家兄弟有过交游。这次他来龙川看望苏辙，已94岁高龄。对于这次龙川相见，苏辙专门作了《雨中招吴子野先生循州作》一诗：

柴门不出蓬生径，暑雨无时水及堂。
辟谷赖君能作客，暂来煎蜜饷桃康。

苏辙中年以后开始注意养生，对“辟谷”等道家养生术比较倾心，吴子野老先生能拖着老迈身躯来看望他，并陪他一起修炼，苏辙对此颇为感恩。不久，吴子野还渡海到海南，向苏轼报告他即将内迁的消息，并向他出示苏辙的赠诗，介绍了弟弟苏辙的境况。

第三位人物便是龙川当地道士廖有象。廖有象是龙川少有的得道之人，门徒众多，影响甚众，在苏辙眼里，便是“野鹤堕鸡群，飞鸣闾巷中”（《龙川道士》）这样高超的人物。自苏辙在曾氏小宅住下，他便慕名而来，主动前来结交，并不时嘘寒问暖。苏辙与他交往了17个月，几乎贯穿了苏辙在龙川的整个生涯，“愈久意愈真”，终生难忘。苏辙离开龙川之时，廖有象一直送他翻山过岭，直到一河滨才挥泪而别。

10年后的政和元年（1111年），苏辙闲居颍昌时，廖有象还遵守离别前的约定，跨过山海前来看望，令他惊喜万分，场面十分感人：“我归客箕颍，昼日长掩门。仆夫忽告我，门有万里宾。问其所

从来，笑指南天云。心知故人到，惊喜不食言……君来亦何为，助我耕且耘。嗟古或有是，今世非所闻。”（《龙川道士》）

在龙川相遇的人让他念兹在兹，而他在龙川做过的事，则让这里的人铭记于心，乃至传扬至今。人离开了，故事却永远留了下来，大致说来，主要有三件事让龙川这块土地记住了苏辙，也让历史记住了龙川。

第一件事便是著书立言。巢谷离世之后，苏辙心情格外沉重，决定闭门谢客，开始了笔记创作，由此在龙川留下了华彩篇章。

他追忆平生所参与的各项重大政治活动，以及相遇的各等文人与名臣，辑为《龙川略志》，共十卷。此后，他又追忆听到的前贤与时贤的逸事，成《龙川别志》四卷。一个记所历，一个记所闻，具有巨大的文献价值，备受后人仰慕。正如《四库全书总目》所说："朱子生平以程子之故，追修洛蜀之旧怨，极不满于二苏，而所作《名臣言行录》，引辙此志几及其半。则其说信而有征，亦可以见矣。”南宋理学家朱熹能排除个人成见，在著作中多次引用苏辙之说，可见此书早在宋代已颇被看重。

现在，南京图书馆藏宋本《龙川略志》六卷与《龙川别志》四卷，原为苏州望族顾氏过云楼所藏，已入选第一批《国家珍贵古籍名录》。以“龙川”命名的古籍在历史中享有此等荣誉，是苏辙给这块土地无意中作的一大贡献。

第二件事为点亮文风。历代到过或路过龙川的北方文人与官员数量不少，职位最高、名气最大之人，要数苏辙。无论他在龙川多么低调，百姓依然对他感兴趣并给予关注。虽然尚未发现他在这里开坛授课的文献记载，但他本人的光环效应以及和邻里的交谊，无疑点亮了当地的文风与民风，激励了寒门子弟勤于为学，对当地文教事业与道德风俗起到了催化作用。

在龙川，苏辙已经成为一种人格化的文化象征，多部县志将苏辙及陈次升、吴潜列为“宋三贤”。清代嘉庆年间的《龙川县志》对“宋三贤”且有按语：“三公忠直，被放安置此郡，虽无民社之责，而清风劲节，百世犹将见之，其维持风教者不浅，因列之有宋诸公之后，百世犹将见之。”

到了龙川的佗城，在苏堤上走一走，即可遇见苏辙，遇见苏辙留下的文化传奇。苏堤，即苏辙留给后人的第三大物事。

嘉庆年间的《龙川县志》记载：“鳌湖在城西北环五十亩，龙潭之水注焉。苏颖滨筑堤引水灌于城壕，导之东以决于江，后坏。”北宋时期，鳌湖湖面纵横两千多米，水深可行舟。苏辙到达龙川的这年夏天，鳌湖旱情严重，农作物得不到灌溉。苏辙考察了鳌湖及其周边的环境后，倡议村民修筑堤坝以堵水灌田。自此，鳌湖周边的农作物得以旱涝保收。这让龙川百姓不但了解到了苏堤的作用，还在一定程度上了解了农田水利、河水治理的方法，无意之中，苏辙传播了中原农田水利治理的先进知识。

虽然除了《龙川县志》之外尚无其他明确的文献记载，苏辙在龙川修建堤坝仍缺乏充分的史实支撑，但当地人对苏辙念念不忘，寄予了深切的文化想象。而文化想象本身，作为地方记忆的一部分，从另一角度构成了龙川的人文史。为纪念苏辙，感谢苏辙为龙川百姓带来的福泽，寄托龙川百姓对他的缅怀与敬重之情，龙川人把这一段堤坝称为“苏堤”。

时至今日，虽然鳌湖淤积成了农田，但是苏堤还在，人们对苏辙的纪念和感激还在。

05

1100年正月，宋哲宗去世，宋徽宗即位，历史又开始了新的嬗变。

就在元宵节这一天，苏辙在龙川度过两个春节之后，发下新年愿望：一愿养心炼气，日见成功；二愿朝廷觉悟，解脱网罗，得以北还；三愿南北眷属，各保安宁，北归之时，一一相见。他这次发愿终于有了回声，部分得以应验。（《苏辙图传》，第199页）到了二月，他就被命迁往永州（今湖南零陵），后又到岳州（今湖南岳阳）、鄂州（今湖北鄂州），年终回到颍昌（今河南许昌）。经过短暂的起伏与转移后，1104年，苏辙定居颍昌。就在苏辙告别龙川三个月后，他的哥哥苏轼原以为就要埋骨于海南，也有了机缘离开那里。可惜，就在北归的第二年，便离开了这喧闹且又冷寂的人世间。

1112年，苏辙在颍昌去世。自他三十岁离开蜀地后，再也没有踏回故土四川。他一生都在流浪，一度沉落到极点，最终又倒在流落的路上。这就是一代文豪孤苦的命运。

苏辙生前最后的时光一直都在颍昌，少与时局来往，从“兼济天下”彻底转向“独善其身”。在人生最后光阴里，他闲居乡间，躬耕田亩，教化子孙，以读书著述自悦。这种恬静的状态，用史书的话说便是：“不复与人相见，终日默坐，如是者十年。”（《宋史·苏辙传》）显而易见，这是他对在龙川十八个月的生活方式的延续。

也许是他彻底厌倦了官场的斗争与险恶，看透了人生的阴晴与起伏，幻灭也罢，淡然也罢，终归要做个了结；也许是他出世太久，为天下忧思太久，特别期望像陶渊明一样归园田居，像白居易一样知足保和，总要为自己孤苦的生命找寻一些乐趣；也许只是已到晚年，干脆在一个幽静的角落过一种逍遥的生活，享受天伦之乐与文字之趣。不管怎样，苏辙回来了，他回到了乡野，回到了文字，回到了他自己的生命。

古人在世有“三不朽”之说，即所谓立德、立功、立言，其实，中国文人在三者之外，还有另一情怀——立趣。尤其是在遭受困厄，或者到了一定年龄之后，对趣味的追寻尤为自觉、强烈与坚定。而只有在这个时候，才更能昭显生命的可爱与神采，凸显文化的意蕴与灵性。

什么才是趣味呢？它可能就是文人在混沌的俗世与困顿的时局中一步步退却之后，给自己建造的既质朴又华丽、既柔软又坚硬的小屋。

晚年苏辙，他觉醒了，一定要给自己的生命建造一个趣味之屋。毋庸讳言，这一意识在龙川时已经萌发，这个小屋已经初具雏形，从他逐渐放下对政治抱负的执念，回到生活本身，躬耕田垄、闭门著述、交游遣兴，即可看得出来。当他跨过苍茫山海，再次回到中原，终于将这一小屋真正建造起来。从这一意义上讲，龙川生涯，不啻为他人生路上的一个分水岭。他改变了龙川，龙川亦在一定程度上改变了他。一个文人与一个地方，就这样发生了紧密的关联，凝固成永久的传奇。

除了苏辙，还有诸多久远且又生动的文化传奇在龙川的土地上流传。他们是从北方过来的政坛倒霉家伙，脸上写满失意，脚下凝着沉重，流落到偏远的土地，望不尽命运无边的荒凉。但龙川这个南岭之南最古老的地方，这里的山水、草木与人，热情地接纳了他们，他们亦在这里寻求到身心的安顿，哪怕只是片刻。为了叙述的方便，本文仅再择取三个大人物以明证。

《河源市志》记载："唐元和十四年（819 年），韩愈（768—824）官贬潮州，过龙川县蓝关，后人在蓝关建韩公祠以纪念。"《广东通志》亦载："龙川县驿曰雷乡曰通衢。从道路分析，韩愈应该是从佗城一带上岸，走陆路到通衢，再转水路下潮州。"虽然韩愈的那首千古名诗《左迁至蓝关示侄孙湘》中的"蓝关"，到底是不是龙川的"蓝关"，学界仍无定论，但韩愈途经龙川到潮州，是一大史实。从另一方面看，龙川后人对韩愈书写龙川的文化想象，已经超离了史实确证的层面，内生为对中原文化与文明开化的向往。

吴潜是南宋著名政治家、文学家，一生饱学博才，敢于直谏，建树良多。1261 年，他在罢相之后，被贬到龙川。兴建堤坝，讲授学问，善待乡邻，短短一年里，他在龙川留下浓重的足迹。被奸人陷害后，他写下《谢世颂（其三）》："生在湖州新市上，死在循州贡院中。一场杂剧也好笑，来时无物去时空。"为纪念吴潜，当地人

佗城苏堤　摄影 / 韩帮文

在他谪居的地方建造了正相寺，寺院旁的开元塔改称正相塔。现今，走在佗城的苏堤上，远远望去，便会看到正相塔。

1181 年，南宋著名诗人杨万里（1127—1206）从韶关出发到梅州，途径龙川通衢。通衢驿为当年粤东重要的驿站，杨万里在这里看到如雪的梅花，顿生诗情，写下《发通衢驿见梅有感》，其中“忙中掠眼雪枝斜，落片纷纷点玉沙”一句，将梅花写得楚楚动人。在《明发龙川二首（之一）》中，他则发出这样一句感慨：“一生谁料到龙川。”

是呵！那些大文豪、大丈夫，在北方高居官位，究竟谁会意料到去遥远的龙川呢？谁会想到会在岭南走一遭呢？来了便留下足迹，走过便是传奇。

倘若我们将视野再放大一些，将南下的文人的足迹扩展到整个岭南，便会发现一幅辽阔悲壮的流寓文化图景。

龙川正相塔，原名开元塔，始建于 715 年，是广东省保存最好的砖塔之一。因南宋丞相吴潜被贬谪龙川，居塔下古寺，故名　供图 / 龙川县委宣传部

据史籍记载，唐朝有 200 多位官员被贬岭南；宋代则有 400 多人次。唐宋是中国历史上的高光时代，惨遭贬谪的官员与文人，带着文化的精魂去了岭南。

好不容易通过层层考试当选为国家干部，眼看就要实现“修身齐家治国平天下”的抱负，却在一些节骨眼上按捺不住仗义执言的冲动，为了理想与情怀甘做愤青、刺儿头。结果，这些饱读诗书的儒官，因为一句话、一份奏折、一腔热血，就触怒圣上或得罪要臣，最终被罢黜、被贬官，从地北发配到天南，一路南下，一直来到陆地的最南端，一直走到路的尽头。

于是，一路悲歌都洒在了唐诗宋词里。

于是，广东的历史由此改写。

在苍茫岭南大地，文教开始兴盛，蛮荒不再是蛮荒，边缘不再是边缘。也就从那个时候起，岭南文明又增添了新的动力。

（注：林洪浩对本文亦有贡献）

龙川考棚建于 1876 年，位于龙川县佗城镇。所谓考棚，即科举考试的地方，一般重要州府才设置　摄影 / 夏世焱

叁

风骨

我们青年是人类的新种子，是新社会的建设者，是在人的黄金时代。我们唯一的责任，便是顺着社会进化的趋势，去尽我们制造历史的伟大使命。

——黄居仁《列宁逝世三周年纪念日告两广青年》

这是一片正义的土地，2000 多年从来不乏为社会理想与人间道义奋进、抗争的人；这是一片滚热的土地，炽帜高扬，革命斗争的浪潮掀起历史的激情。

广东龙川在中国共产党领导的新民主主义革命斗争史上，在中央苏区史上，有着光辉的一页。2011 年，龙川全境被确认为中央苏区县。我们行走于龙川的乡间、江边与山林，寻访红色踪迹，瞻仰英雄故土时，就会听到澎湃激扬的历史回响，看到一尊尊巍峨的生命丰碑屹立于古老的土地之上。

他们是龙川的风骨，雄健、高洁、魁奇，尽显山川峥嵘。

黄居仁故居　供图 / 龙川县委宣传部

那些古老土地上的年轻人

01

我们青年是人类的新种子，是新社会的建设者，是在人的黄金时代。我们唯一的责任，便是顺着社会进化的趋势，去尽我们制造历史的伟大使命。

驱车去拜谒黄居仁故居的路上，我内心总是反复想起，前夜阅读关于他的资料时看到的这两句话。豪壮的激情似乎要从文字中间喷薄而出，就像一路上烈烈夏日的晨阳，让人怦然心动，又不忍长久直视。

1927年1月21日，是俄国革命家列宁逝世三周年的日子，时任中国共产主义青年团两广书记的黄居仁在《少年先锋》杂志上发表了《列宁逝世三周年纪念日告两广青年》(《黄居仁研究史料》，第286—288页)。“青年朋友们，热血的战士们”，如此激扬的称呼语，开启了他汪洋恣肆的青春告白。当时，他年仅 23 岁，革命热情正盛。

以国共合作为基础的国民革命风暴已经席卷全国，并臻于最高潮，黄居仁身处革命风暴中心广州，向两广青年发出了革命的召唤。

或者说，他是在热情洋溢的语词中，谆谆告知自己的同龄人如何做出更好的人生抉择。在那样宏大的时代中，国运飘零，国家前途未卜，青年人如何安顿自己的生命，又如何做出预示光明的抉择，并不是一件容易的事情，反而显得格外困顿、迷茫。

黄居仁没有迷茫。他及早选择了一种信仰，砥砺前行，燃烧生命，甚至不惜牺牲自己年轻的生命。就在第二年，他英勇就义，历史永远记住了他 24 岁的青春。

他用短暂的年华，把青春定义为“人类的新种子”，把自己的时代定义为“人的黄金时代”，把自己的使命定义为“制造历史”。他的生命就是这样纯粹，这样“燃”。

到底是怎样的土地孕育了这样光辉的生命？又是怎样的山川赋予了这样坚毅的品格？为此，我去了他的故乡龙川，那个有巍峨的山、有壮阔的江的地方。

从龙川县城出发，半个小时就到了黄居仁故居。在铁场镇桥头村一处青山相依、绿树环绕的平地，有一座颇具客家风格的院落，那里就是他自幼生活的地方。这座老房子建于清代，坐西北向东南，灰瓦屋面、泥土地面，门框、门槛都由石头做成，裸露着粗粝的斑点，像极了历史沧桑的面目。

院落前面矗立着黄居仁的大理石雕像，素雅的白色映衬着魂魄的光辉与纯净。他穿着一件西装，头发简短，脸上架着一副眼镜，浑身散发着书生意气。倘若不是因为革命，他也许就是一个大学学生，在书斋里研究学问，和同学一起享乐时光。但他偏偏没有这样选择，而是将自己放置在铁血奔腾的时代。

他的眼睛表露了他内心的勇毅与狂热。他凝视着前方，眼神透着坚决与果敢，分明就是共产党人视死如归的镜像。

院落大门的对联写着“门迎百福，户纳千祥”，一个普通乡土人家通常都是以这样的语言来瞻望美好生活。倘若将时间回拨到1904年，黄居仁在这个院落降生的时候，这副春联也许就不会这样写，也许更风雅一些。他的祖父是当地一位文化人，颇通诗文，曾自设家庭私塾。其父亲因病早逝，因此黄居仁童年的时光多是在祖父的膝下度过，诵读经文、吟咏诗篇、弈棋弄管，诸如此类，及早落下一颗文心，浸润着中国传统伦理与文化趣味。

祖父自然会早识黄居仁天资聪颖，且有一股轻易不服软的顽性。他酷爱古典侠义小说，又在祖父的指教下打拳习武，慢慢地就成长为一个文武兼修的少年郎。在祖父眼里，他是一个有出息的孩子，背负着整个家族的期望。他也许就应该好好读书，将来谋个一官半职，或者干出一番事业，且不说光宗耀祖，至少也能吉庆有余。而他的祖父又怎会想到，孙子对文化的慧根日后竟会激荡出革命的波浪。

颇有主见的黄居仁很快便没有走寻常路。他逐渐清楚自己要成为怎样的人，要去往哪里，要怎么去。

02

起来，饥寒交迫的奴隶！
起来，全世界受苦的人！
满腔的热血已经沸腾，
要为真理而斗争！
旧世界打个落花流水，
奴隶们起来，起来！
不要说我们一无所有，
我们要做天下的主人！

1917 年俄国十月革命一声炮响，给中国送来了马克思主义，《国际歌》的雄壮旋律开始在中国多灾多难的古老土地上响起。

说起黄居仁革命信仰的萌发，就有必要回溯龙川乃至整个广东对马克思主义的接受轨迹。

源于地理优势，广东一向是东西文化交流的桥头堡，接受新文化、新思想的节奏相比内地尤为快捷。一批先知先觉信仰共产主义的知识分子，积极创办各种宣传新文化运动的报刊，开始了马克思主义在广东的传播。在广东，最早系统传播马克思主义的人是香山县（今属珠海市）人杨匏安，其主要活动是在《广东中华新报》发表一批介绍马克思主义的译著文章。

一批在省城广州的龙川籍青年学生、青年工人和工商界人士，有幸最先接触马克思主义，接受新思想、新文化的熏陶，对龙川人民的觉醒和马克思主义在龙川的传播起了重要的推动作用。对于马

克思主义在龙川的传播,《中央苏区县龙川》有一段翔实的回顾:

留省求学的青年学生邓冰、黄云阶、邬宝良,“惠州会馆”职员黄觉群和工商界人士黄雨村、黄秋谷等,他们把宣传马克思主义的各种进步书刊和宣传品等,不断寄回家乡,激发县内学界和工农大众不断觉醒,开始接触马克思主义。

1921年8月,陈独秀在广州创办了旨在宣传马克思主义、培养训练干部的“宣讲员养成所”。黄觉群、黄雨村、邓冰和龙川知识青年黄日初、邓国章、骆汝骧参加宣讲所学习。结业后,黄雨村力留黄觉群在广州东堤以他的“粤昌”号客货栈为联络点,积极联络龙川留省人士黄秀英、邓冰、叶卓、黄克、钟彪等,投入广州的学生运动和工人运动。同时,黄雨村、邓冰、邬宝良等发起组织“龙川留省同乡会”,推举邬宝良为会长。同乡会出版宣传新思想、新文化和马克思主义的不定期刊物——《雷声》,并将刊物不断寄回家乡,向青年学生和民众宣传革命思想。而黄日初等结业后,回到家乡龙川四甲,组织村上青年黄德初、黄自强、陈济平等,给他们宣传俄国十月革命和马克思主义。

五四运动前后,还有一大批中国知识分子出国勤工俭学,龙川亦有4位青年赴法勤工俭学,他们是邹世骏、骆开先、彭思华、黄焕章。此前他们曾与邓冰、骆汝骧等,分别就读于北京大学和天津南开中学,经常将京津两地的宣传新思想、新文化运动的进步书报刊寄回龙川,以激发青年的革命热情。邹世骏等赴法勤工俭学时,曾与周恩来接触频繁,更是常把国外进步书刊寄回龙川,促进了龙川人民尤其是龙川青年的觉醒。

(《中央苏区县龙川》,第7—8页)

龙川尽管地处相对偏远的山区，但因缘际会，成为中国较早接受马克思主义的地方。星星之火，可以燎原。炽帜高扬，龙川改变自己历史的时刻终于到来。汲汲求变者，便是龙川青年。古老的土地与年轻的生命，由此开始演绎出激越悲壮的革命协奏曲。

1920年，黄居仁来到当时的县城佗城，就读于龙川县立中学（龙川一中前身）。对于龙川县立中学的办学风格，以及黄居仁在那里最早接受马克思主义的景况，《黄居仁传》有过清晰的记述：

> 黄居仁入学后，学校已经响应广东省文教界的号召，开始实行新式教育，进步人士张镇江担任副校长。他在讲授国文时，带头把文言文和白话文结合起来讲，促进学生和老师接受新文化、新思想。一批思想进步的青年老师，在上好文化课的同时，积极向学生宣讲俄国十月革命、新文化运动、中国社会军阀统治状况、五四运动等……黄居仁在进步教师和学生的教育、帮助下，对俄国十月革命有一定了解后，开始对无产阶级革命、对马克思列宁主义产生兴趣，追求人人平等的思想。
>
> （《黄居仁传》，第8—9页）

龙川县立中学当时已经实行新学，师生思想比较活跃，2000多年的历史沉淀与思维惯性，并没有对新思想的传播形成某种阻碍，反而新思想不断对陈旧观念与文化习性形成冲击。对于当地而言，它已经不只是一所学校，更是进步人士的聚集地与进步思想的传播源，蕴含着社会变革的能量。五四运动期间，学校进步老师、学生走上街道游行示威，声援远在北京的青年学生；为抗议帝国主义侵略中国、北洋军阀政府卖国的行为，部分进步学生组建了宣传队，走出学校，向工人、农民、市民宣扬“五四”爱国与民主精神。

在这样的时代情景中成长，黄居仁及早感知到信仰的力量，嗅察到社会裂变的迹象。

03

京汉路工人为了集会结社的自由，就是约法上规定我们人民应享的自由……工人组织工会，商人组织商会，学生组织学生会，是很正当的事，他们竟敢出此罪恶滔天的手段。所以卖国殃民的北洋军阀，是国人之所同嫉，天地之所不容，应一致下一个尔死我活的决心来打倒北洋军阀！

《向导》是1922年至1927年间中共中央执行委员会的机关报，每星期三出版。1923年8月22日，第三十七期的周报刊登了一篇名为《打倒军阀》的精短文章，以上文字就出自这篇文章，思维锐利，气息澎湃。（《黄居仁研究史料》，第6页）

在作者眼里，凡是政府践踏“人民应享的自由”，包括集会、结社的自由，都是“罪恶滔天”，乃“国人之所同嫉，天地之所不容”，都应该被打倒。

文章的作者即黄居仁，见刊时年仅19岁。当时，他在广东省立第一甲种工业专科学校（简称“甲工”）读书。

1921年秋，黄居仁考取“甲工”。那时，“甲工”学生的反帝爱国运动开展得十分活跃，有“红色甲工”之称。在校时，他结识了同为东江流域的进步学生阮啸仙、刘尔崧等人，在他们的进步思想熏陶下，开始广泛接触马克思主义，积极参加校内外反帝、反封建军阀斗争，深得该校教员、共产党人杨匏安的赞许。

阮啸仙和刘尔崧在中共党史上都是非凡人物。两人都早在1921年就加入了中国共产党，都是中共早期马克思主义的探索者与践行者，都是广东早期工人运动和和农民运动的重要领导人之一。其中，阮啸仙曾于1925年和彭湃、毛泽东等人在广州创办农民运动讲习所；1934年，被选为中央执行委员并兼任中央审计委员会主任，成为中共历史上第一位“审计长”，为人民审计制度的创建者和奠基者。刘尔崧在中共一大召开后，受中共委派，主要从事发动和领导工人运动工作，对党组织力量在广州乃至广东地区的壮大作出了杰出贡献。

黄居仁和阮啸仙、刘尔崧都是河源人，功勋卓著，却又不幸过早牺牲。1935年3月6日，阮啸仙在赣粤边境壮烈牺牲，时年37岁；1927年4月19日，刘尔崧于珠江白鹅潭被杀害，时年28岁；1928年11月，黄居仁和妻子在广州英勇就义。后人为了缅怀他们，特别称他们为“东江三杰”。

正是在阮、刘二人的熏陶与指导下，黄居仁走上了革命道路，思想上迅速进步，并在具体工作中显示出过人的胆识和才能。1925年，他加入了中国共产党，主要从事青年运动的组织和领导工作，曾任中共广东区委青年运动委员会书记、共青团两广区委书记、广州地委书记等职。

最让人惊叹的是，黄居仁在他短暂的革命与人生历程中，竟然参与了那么多影响深巨的事件，他的勇毅的年轻生命串联起革命史上诸多惊心动魄的场景：

1925 年 6 月 19 日，“省港大罢工”爆发，黄居仁积极发动广州团干部、青年等，协助中共两广区委做好工人组织与安置工作，后又在东较场参加政治示威反帝大会。

1925 年 10 月广东革命政府第二次东征以及 1926 年 7 月国民革命军北伐出师前，黄居仁积极发动团员、青年踊跃参加革命军，鼓励知识青年投笔从戎。

1927 年 9 月 22 日，黄居仁指挥工农军攻打警察局和警署，接应周恩来领导的南昌起义军。起义军入汕后，黄居仁等人向周恩来汇报汕头情况，并共同研究日后工作；由于敌强我弱，黄居仁领导的红色政权“汕头市革命委员会”仅维持了 7 天，史称“潮汕七日红”。

1927 年 12 月 11 日，广州起义爆发，黄居仁在总指挥部参与部分工作，诸如社会秩序维护、宣传教育等；两日后，起义军主力从广州撤出，黄居仁和少数赤卫队员负责殿后与掩护，对敌军进行英勇阻击。

当许多年轻人对社会、对人生懵懂迷茫的时候，黄居仁已经奔走在革命第一线，在战火中淬炼生命，在“黄金时代”“制造历史”。

04

被压迫的青年们！

时候到了！

我们快快起来罢！

我们应当在此时有一个最合于我们自身需要的主张之下，

为我们自身的利益、幸福而奋斗！

燃烧青春！燃烧生命！对于历史使命，黄居仁当仁不让；对于同龄青年，他总能带来振奋的力量。就像这篇《为国民议会告中国青年》（《黄居仁研究史料》，第6页），热烈的情绪如水银泻地，简直耀人眼目。似乎他将生命所有的灼热都付与了革命，留给了青年人。

当然，他亦有自己黯然伤神的时刻，甚至有时欲罢不能。1924年1月，国民党第一次全国代表大会在广州召开，意味着第一次国共合作的开始，由此拉开了“大革命”的序幕。黄居仁全身心投入工作之中，已不知疲倦。不幸的是，他的祖父2月13日病逝于龙川老家，家人迅即电函他回家奔丧。就在这时他才猛然发觉，已经许久没有回过家，去看望最疼爱他的祖父，还有孤身生活的母亲了。他想起了老家的那个小院子童年欢笑的场景，想起了祖父他对的教诲与期许，想起了村子后面的青山与翠竹……且不说客家乡村珍视的家庭伦理，仅仅从人之为人的情感来说，他也必须奔回老家，再看祖父一眼。

但工作正处于紧要关头，又该如何脱身。最终，黄居仁做了一个艰难的决定，为了工作缓期返乡。事过一个多月之后，他才于3月25日返回故里，跪在祖父坟前，痛哭一场。那一年，他年仅20岁，平生第一次感受到生命的不圆满，领悟到家国情怀与世俗情感对于一个有信仰的革命党人而言，实在难以两全。

行文至此，不禁想到福建人林觉民的《与妻书》。1911 年 4 月 24 日晚，他在香港，找来一块手帕写下给妻子陈意映的绝笔信，真挚的语词令人肝肠寸断，乃至不忍卒读：

吾至爱汝，即此爱汝一念，使吾勇于就死也。吾自遇汝以来，常愿天下有情人都成眷属；然遍地腥云，满街狼犬，称心快意，几家能彀？……吾充吾爱汝之心，助天下人爱其所爱，所以敢先汝而死，不顾汝也。汝体吾此心，于啼泣之余，亦以天下人为念，当亦乐牺牲吾身与汝身之福利，为天下人谋永福也。汝其勿悲！

（《家书抵万金：中外名人家书鉴赏》，第 172 页）

三天之后，他出现在广州的街道上，跟随黄兴等革命党人袭击总督衙门，不幸负伤被捕，数日后从容就义，为黄花岗七十二烈士之一。

广州是一座英雄的城市，这里曾经洒下太多英雄的鲜血。在林觉民就义 17 年之后，黄居仁慷慨走向了刑场。

1928 年秋冬间的一天中午，黄居仁和他的妻子张雪英一同在家中被逮捕入狱。这时距离他们结婚，还不到两年。在审讯中，这对年轻的夫妇面对酷刑与毒打，誓死不出卖战友与同道，铮铮铁骨，宁死不屈。

11 月的一天清晨，黄居仁和爱人分别从男女牢房中被叫出来，他们知道，这是他们最后一次见面。虽然他们的嘴已被封塞，但他

龙川一中的前身是龙川县立中学，至今已有百余年历史。1913 年 9 月，在废科举、办新学的浪潮中，龙川县立中学正式成立　摄影 / 夏世焱

们彼此相顾，点头会意，脸上露出意味深长的微笑。而后，两人共同迈向刑场。

牺牲的时候，黄居仁、张雪英两人都不足24岁。

颇为遗憾的是，黄居仁夫妇从容就义的具体时日，仍未明了。他们向历史毅然决然地献出青春，也同时给苍茫的历史留下了一个问号。

05

在漫长的新民主主义革命征程中，龙川人民付出了巨大的代价。据不完全统计，有623名共产党的优秀儿女英勇献身。还有不少未留下姓名的本籍或外籍同志，也在龙川大地上流尽了最后一滴血。革命先烈无论在战火纷飞、硝烟弥漫的疆场上，或是在白色恐怖、风雨如晦的革命低潮中，都表现出了“杀头不要紧，只要主义真”的博大胸怀。

摆在我眼前的是一本名为《龙川英烈》的图书，装帧朴素，却分量沉重，泛黄的纸页承载着革命志士们的精魂，永远无法退却他们生命的光辉。正是他们，在波澜壮阔的革命斗争历史中，用血肉之躯铺平了通向新中国的道路。书中的序言，有上面这一段文字。

623！数字赫然在目，凝聚的是623个鲜活的生命！还有那些未留下姓名的生命，虽没有镌刻在丰碑中，却永远映现在历史的天空中！

在这么多英烈中，那些像黄居仁一样年轻的生命尤为肃然可敬。他们不过二三十岁的年龄，在人生最好的年华为了信仰英勇献身。记住他们吧，他们曾这样热烈地为信仰活过：

黄克（1905—1928），龙川西甲村人，1924年加入中国共产党，1927年参加广州起义，失败后回龙川组织武装暴动，1928年遭反动派杀害，年仅23岁。

黄超凡（1900—1926），龙川金鱼村人，1917年加入孙中山“护法军”，1924年加入中国共产党，1926年被残忍杀害，年仅26岁。

骆均光（1901—1929），龙川骆岐村人，1926年加入中国共产党，1929年参与五兴龙县苏维埃政府建设，同年7月惨遭杀害，年仅28岁。

邹泰安（1905—1932），龙川龙寨村人，1926年加入中国共产党，1932年在上海“江湾战役”中牺牲，年仅27岁。

刘华五（1899—1934），龙川青云村人，1924年加入中国共产党，1928年参加古柏领导的寻乌“三二五”武装暴动，1934年惨遭杀害，年仅35岁。

罗嘉（1920—1941），龙川丰林岗村人，1938年加入中国共产党，1940年北上参加新四军，1941年在“皖南事变”中中弹牺牲，年仅21岁。

张民宪（1920—1945），龙川佗城人，1938年加入中国共产党，1942年参加东江抗日游击队，1945年壮烈牺牲，年仅25岁。

…………

许许多多的斗争都是在危机四伏中展开，许许多多的成功都是由太多有名或无名的生命铸就。我们所颂扬的每一种革命的光辉，无不是由惊心动魄的斗争构成；我们现今所追忆的每一场壮怀激烈的斗争，无不是英烈抛头颅、洒热血的场景；我们所缅怀的每一个英烈，无不是有不舍也有大爱的肉身。

历史从来都是大写的，伟大的历史也从来都是由一个个微小的个体造就的。当站在黄居仁故居前，静静地看着他英俊的脸庞，我唯一想到的是那些充盈在历史长廊中的人，那些有名或无名的人，那些年轻或年老的人，那些父母或孩子、丈夫和妻子、工农或学生……

从来没有从天而降的英雄，只有挺身而出的凡人。为了信仰，为了道义，为了心中大的或小的理想，或者只是为了这片土地的生机与希望，他们义无反顾地走入宏阔的历史场景中，以血肉之躯穿越考验，由此成为英雄，成为丰碑，成为辽远土地上的花环，成为给后人光明与温暖、能量与力量的烛火。

是的，他们就是波兰诗人、革命家密茨凯维奇笔下“智慧高昂的儿女们”：

这更是一片反抗和激情的土地，
热爱自由的鲜血浇灌着冰封的冻土，
智慧高昂的女儿们从未停止过献给母亲的颂歌。

美丽的田园，

沉重的历史。

我看着我可怜的祖国，

像儿子看着被车裂而死的父亲；

我忍受着整个民族的苦难，

像母亲感受着腹中胎儿的阵痛。

（《土地的诗篇》）

“十条守则”与“过好五关”

01

工作忙时细心些，
遇到问题冷静些，
了解问题全面些，
解决问题谨慎些，
碰到问题坚定些，
受到刺激忍耐些，
对待革命热情些，
处理矛盾灵活些，
个人问题少干些，
别人事情多做些。

这里是闽粤赣边五兴龙县苏维埃政府旧址，一栋土木结构的客家方形老屋，坐落于山峦环抱与民居杂处之间。大门上面刻着“念

五兴龙县苏维埃政府旧址　摄影 / 韩帮文

德昭垂”四个红色的大字，门的两侧挂着几个铭牌，“广东省爱国主义教育基地”“河源市反腐倡廉传统教育基地”“新时代红色文化讲习所”，诸如此类。

从龙川县城向北驱车一个半小时，到了回龙镇一个叫大塘肚的村子，就可以找到闽粤赣边五兴龙县苏维埃政府旧址，在老屋中厅的一面墙壁上就能看到前文的这“十条守则”，刻在深色的石板上，特别醒目。十句话，十种警示，浅白、明确、干脆，却又清晰传达了共产党人的政治本色与纪律本色。

“十条守则”的创制者是刘琴西，创于 1930 年 1 月，距今整整九十年，现在读来，仍具有强烈的党员教育意义，或者说，仍不过时，仍闪烁着思想的光芒。

刘琴西，何许人物?

只要粗略翻一翻龙川与东江地区的革命史，就会发现刘琴西这位革命先辈独特且又重要的地位。1896 年，他出生于河源的另一县域紫金，1922 年 2 月加入广东社会主义青年团，7 月加入中国共产党，是中共早期革命先驱。入党后，刘琴西在家乡紫金进一步开展思想启蒙，点燃革命星火，领导紫金“四二六”武装暴动，建立红色政权，是紫金乃至整个东江流域革命道路的引领者。土地革命战争期间，刘琴西在东江地区和粤赣边区建立战功，是粤东北地区革命运动的领导人。

刘琴西的革命生涯还有一个显明的特点，那便是他和弟弟刘尔崧都投身于革命的洪流之中，都及早加入了中国共产党，且又不幸都英年就义。紫金刘氏一门双杰，一个是中国早期工人运动先驱，

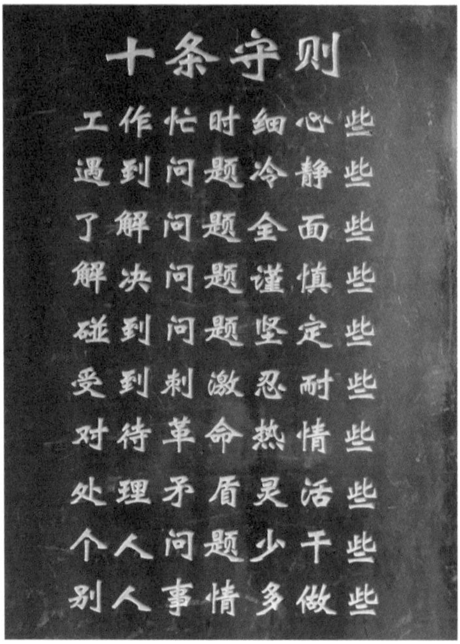

五兴龙县苏维埃政府旧址的一堵墙壁上嵌着一块石板，上面刻着刘琴西的“十条守则”

摄影 / 韩帮文

一个是早期农民运动领袖。刘尔崧和黄居仁、阮啸仙并称为“东江三杰”，1927 年 4 月 19 日，被杀害于广州白鹅潭，时年 28 岁；六年之后，哥哥刘琴西又被秘密杀害于广州黄埔港。两个东江好儿郎的鲜血，就这样永远流进了滚滚珠江。

中国革命史上的同胞兄弟并不少见，甚至有些同为英烈。比如，蔡林蒸和蔡和森、陈延年和陈乔年、方志敏和方志慧、彭湃和彭述、彭雪枫和彭之久、瞿秋白和瞿景白、夏明翰四兄妹、叶挺和叶辅平……他们小时候是玩伴，长大后则是同道与战友，共同为一种信仰而奋斗。刘琴西和刘尔崧就是这样血脉相连、血气相通的兄弟，这尤显出革命情深与生命悲壮。

刘琴西是在怎样的情景下创制出来“十条守则”的？

这要回到那个“风雨如晦，鸡鸣不已”的年代，那片激扬的革命热土。

1925 年 11 月，中共龙川县特别支部委员会在佗城创立，黄觉群担任特支书记。由此，在旗帜引领下，龙川工农革命运动迅速在全县各地如火如荼地展开，建立革命政权的时机逐渐成熟起来。1928 年 3 月 6 日，龙川人黄克在佗城四甲三印村上印寨主持成立龙川县苏维埃政府和东江工农革命军第一军，担任政府主席兼军事委员会主任。随后，革命军攻打鹤市，进行了武装夺取政权的尝试，但因敌众我寡，遭遇失败。鹤市暴动虽然失败，但在龙川打响了工农武装割据夺取政权的第一枪，震撼了东江上游地区。

到了 1929 年 1 月，刘琴西以东江特委巡视员的身份，来到龙川，身负一项重大的政治任务与战略安排，即配合毛泽东、朱德率江西井冈山红四军主力分兵向闽粤赣边扩展，择机在东江上游建立新的革命政权。他几次到粤赣边区的大塘肚、三架笔、双头山一带的根据地察看。最后通过综合比较，选择了大塘肚作为五兴龙根据地的中心基地。大塘肚四周绿山环抱，崇山峻岭连绵不绝，地处龙川和兴宁两县交界点，又毗邻江西中央苏区；而且这里离县城较远，是国民党当局管辖相对薄弱的地方，军事力量有所忽视，建立政权的安全系数较高。

1929 年 3 月，在刘琴西的具体指导下，广东省五华、兴宁、龙川三县工农代表大会在龙川县大塘肚长塘面召开。大会通过了成立闽粤赣边五兴龙县苏维埃政府的决定，选举曾不凡为主席，潘火昌为副主席，罗屏汉等为常务委员。为了保卫苏维埃红色革命政权、开展武装斗争、实行土地革命，罗屏汉等先后组建了五兴龙游击大队、东江红军独立营、东江游击大队、寻乌独立团等地方红军武装。至此，以大塘肚为中心的五兴龙苏区正式形成，成为闽粤赣边区建立的第一个有规模、有影响的跨县级苏维埃政权。

这里是东江革命根据地通往中央苏区的必经要道，又是中央苏区在南方的一道重要屏障，战略地位不言而喻。为此，东江特委采取了多种措施做好五兴龙苏区的巩固和发展工作。对于一个新生的革命政权而言，人的要素最为关键，革命党人与军事人员的政治成色从根本上决定了革命的生命与未来。由此，集中培训苏区干部，提升干部政治素养，成为五兴龙苏区的重要政治任务。

从 1929 年 4 月起，五兴龙县苏维埃政府在大塘肚相继举办了四期各类培训班，三县党政军 200 多名各级干部接受了轮训。

1930 年 1 月，刘琴西主持了一次干部集训班。总结苏区工作经验与教训，强化干部思想与作风建设，是这次集训的两大主题。正是在这次集训班上，刘琴西特别提出了“十条守则”。他将中共相关纪律用一种通俗浅近的语言讲出，显得格外亲切、生动，在座的各位干部无不受用。

02

过好政治关，
过好思想关，
过好社会关，
过好生活关，
过好宗族关。

古柏的雕像立在五兴龙县苏维埃政府旧址的中厅，一身戎装，挺直庄重。他的眼睛凝视着前方，透着坚定与英气，右手叉在腰间，左手停在空中，手指伸开，一副专心讲课的样子。旁边的墙壁上刻着的这五句话，和刘琴西的“十条守则”并置在一起，这五句话就是古柏在九十年前，站在这里谆谆讲出的。

将时间快速回拨到 1930 年 8 月，古柏从中央苏区赶到五兴龙县苏维埃政府，专程来这里视察与指导工作。他时任第一方面军总前委秘书长，另一身份便是毛泽东的秘书。就在三个月前，他协助毛

五兴龙县苏维埃政府印章　供图 / 龙川县委宣传部

泽东在自己的家乡江西寻乌做社会调查。毛泽东在《寻乌调查》中写道："这次回到寻乌，因古柏同志的介绍……使我像小学生蒙发一样开始懂得城市商业情况，真是不胜欢喜"；"在全部工作上帮助我组织这个调查的，是寻乌党的书记古柏同志"。此后，古柏调到毛泽东身边工作，先后任中共第四军前委秘书长、第一方面军总前委秘书长。

1931 年 2 月，在第一次反"围剿"的间隙，毛泽东整理出了近十万字的《寻乌调查》，几个月后又在此基础上进行理论升华，写作了《反对本本主义》一文，"没有调查，没有发言权"的理念从此家喻户晓。九十年前的寻乌调查，是中共理论联系实际工作方法的卓越范本，在今天仍具有巨大的现实指导意义。

颇值得指出的是，龙川多次出现在《寻乌调查》的内容中。龙川和寻乌接壤，山水相连，同属丘陵山区，为国民党当局鞭长莫及之地。历史上，两地便有商埠往来、民走官访的传统。在《寻乌调查》中，毛泽东在寻乌的交通水路、陆路及寻乌出口货物中提到龙川、龙川城、贝岭等地名，比如，"纸出于篁乡，向兴宁、梅县、龙川（走贝岭）三地输出……"；"寻乌的木头出口是龙川客子出本钱，本地木商作辅助"。这已经说明毛泽东对龙川的关注和兴趣，也可看出，龙川在闽粤赣边区中重要的交通地位与战略地位。

正源于龙川以及五兴龙县苏维埃政府重要的战略地位，古柏到此进行指导工作，时间长达七天。其时，他年仅 24 岁，但已经历了多次严酷的革命斗争，参与了多种重大的政治事件，政治素质过硬，社会视野广阔，识见明锐，思虑深沉。所以他到龙川，对于当地革命政权的运行与武装力量的发展起到了至关重要的作用，可谓恰逢其时。

其间，古柏在三县党政军主要干部学习班上作了一次主题授课，特别强调了中共的严明纪律，提到苏区党员干部在作风上要过好政治关、思想关、社会关、生活关、宗族关。

“过好五关”言简意赅，通俗明了，却又指向精确。具体来说，过好“政治关”，就是要始终保持坚定的政治方向和立场，做一个头脑清醒、立场坚定的人；过好“思想关”，就是要坚定理想信念，加强思想改造，提高思想认识，确保任何时候思想都不落伍、不滑坡；过好“社会关”，就是要正确认识并处理好个人与社会的关系，不让社会不良风气沾染自己、侵蚀自己；过好“生活关”，就是要养成良好健康的生活习惯与生活作风，坚决批判、坚决抵制庸俗低级的、堕落腐化的倾向；过好“宗族关”，就是要正确处理好个人与家属、亲友、宗族之间的关系，廓清裙带联系。

如何做一个干干净净、清清白白的共产党人？如何在各种考验中保持共产党人的政治本色与信仰力量？又如何让政党在历史的洪流中永葆生命力？九十年前，在东江上游的古老土地上，古柏和刘琴西给出了自己的理解与答案。“过好五关”和“十条守则”为五兴龙县苏区的革命事业提供了坚强的纪律保障，形成了与民同甘共苦、勤俭节约、廉洁奉公的工作作风和生活作风。直至今日，“过好五关”和“十条守则”的内容，在加强廉政建设方面依然具有深远的教育意义。全面从严治党永远在路上，历史中的声音总闪烁着启迪的光芒。

古柏有恩有义于龙川，和这片土地产生了直接且又深切的关联，就连他的生命也留在了这里。1935 年 3 月 6 日，古柏在龙川鸳鸯坑一次战斗中壮烈牺牲，年仅 29 岁。毛泽东闻讯后，沉痛哀悼。1937 年，他曾给古柏的家属亲笔题词：“吾友古柏，英俊奋发，为国捐躯，殊甚悲悼。愿古氏同胞，继其遗志，共达自由解放目的。”（《龙川名人》，第 206—207 页）

青山如斯，绿水恒流。古柏年轻的英魂融在龙川的山水之间，以供后人缅怀、瞻望。

03

集中设构在今朝，
希我同仁共线跑。
革命前途无坦路，
横磨坚韧雁翎刀。

1929 年 3 月底，刘琴西在大塘肚召集了一次大型的干部会议，会后，他和曾不凡等人挥毫赋诗，抒怀革命豪情。纵然革命不会一蹴而就，总会遭遇各种各样的艰难险阻，但革命党人从不惧怕，更不会退缩，而是砥砺心志、勇猛精进。

这就是革命政党的壮志与豪情，透着一种生命的纯粹。

会议特别部署了将游击战火向北扩展，将本苏区地盘与中央苏

五兴龙县苏维埃政府兵工厂旧址　摄影 / 韩帮文

区连成一片的方针。如此一来，既利于本地域革命活动向更深更高层面展开，又能使东江流域的游击战争与中央苏区形成更紧密的衔接与互动，在一定程度上壮大苏区的势力与影响力。向中央积极靠拢，这亦是一个革命政党向心力与凝聚力的体现。

这一宏大计划的第一步，也是最重要的一步，便是建立地下交通联络站。据统计，五兴龙苏区在各根据地之间建立的地下交通站，大大小小有五六十个之多，纵横近 1000 公里。这对传递情报、输送人员与物资起到了重要作用，加强了与东江特委、闽粤赣苏区、江西中央苏区的联系。

除此之外，推进土地改革、扩充武装力量、破仓分粮、设立税站、建兵工厂，亦是五兴龙县着力拓展的工作。

1929 年 8 月中旬，五兴龙县苏维埃政府为解决苏区武器紧缺的困境，特别创建了兵工厂，在大塘肚沥背油坊下垒筑起 14 座铁炉锻造枪械。在一个多月时间里，修造了单响枪支 100 支，翻造子弹一批，还有一大批刀戟剑矛、土炮，及时缓解了五兴龙游击大队枪弹武器紧缺的问题。后来，兵工厂被敌特探悉，遭到敌人扫荡，被迫将兵工厂转移到兴宁等地。

现在，去龙川大塘肚村，在五兴龙县苏维埃政府旧址旁边，走过一条简单的石板桥，就可以看到兵工厂的旧址。一座老屋依偎在河边，门口的一架老水车还在转着，哗啦啦的水声在提示着每一个来者：革命的历史不可忘，革命的历史在大踏步走着。

现在，五兴龙县苏维埃政府及兵工厂旧址已经入选全国红色旅游经典景区名录，越来越多的人来到大塘肚这个小小的村落，寻觅

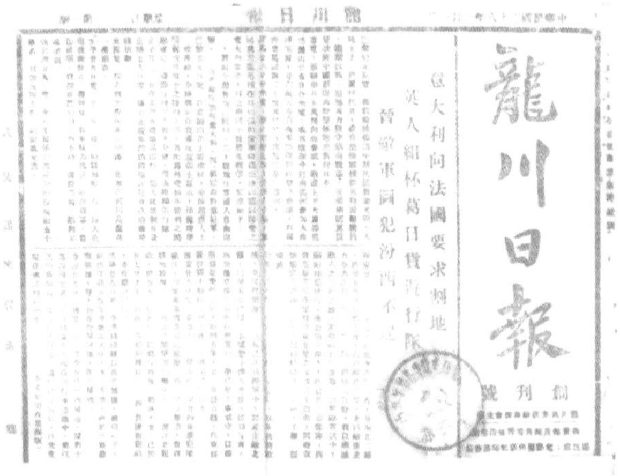
龍川日報
創刊號
意大利向法國要求割地

1939 年 1 月 1 日《龙川日报》创刊号。该报由龙川民众抗敌后援会主办，国民党龙川当局拨款，实为共产党人所掌握的公开发行之地方报纸　供图 / 龙川县委宣传部

激扬澎湃的革命踪迹，体验这片土地的古色、绿色与红色如何涂绘出历史的壮阔画卷。

在离开五兴龙县苏维埃政府及兵工厂旧址的路上，面对这片土地，不禁思索起来：为什么龙川会及早建立五兴龙苏维埃政权？这样一个边远山区的苏维埃政权放在全国红色革命大格局中到底有何意义？全国其他苏维埃政权在中国革命史中又具有怎样的价值？

翻看书卷，毛泽东早在 1928 年撰写的《中国的红色政权为什么能够存在？》中就给出了明确有力的解释：

一国之内，在四围白色政权的包围中，有一小块或若干小块红色政权的区域长期地存在，这是世界各国从来没有的事……有些同志在困难和危急的时候，往往怀疑这样的红色政权的存在，而发生悲观的情绪。这是没有找出这种红色政权所以发生和存在的正确的解释的缘故。我们只须知道中国白色政权的分裂和战争是继续不断的，则红色政权的发生、存在并且日益发展，便是无疑的了……小地方民众政权之能否长期地存在，则决定于全国革命形势是否向前发展这一个条件。全国革命形势是向前发展的，则小块红色区域的长期存在，不但没有疑义，而且必然地要作为取得全国政权的许多力量中间的一个力量。全国革命形势若不是继续地向前发展，而有一个比较长期的停顿，则小块红色区域的长期存在是不可能的……不但小块红色区域的长期存在没有疑义，而且这些红色区域将继续发展，日渐接近于全国政权的取得……

[《毛泽东选集》(第 1 卷)，人民出版社 1991 年版，第 4—49 页]

星星之火，可以燎原。信然。

肆

高致

老隆，一个十足的暴发户……在抗战以后的若干“暴发”的市镇中间，老隆总该算是前五名中间的一个。

——茅盾《脱险杂记》

2019 年 10 月，龙川县福建会馆被评为全国重点文物保护单位。进入会馆，最引人注目的是茅盾、柳亚子等文化巨子的塑像，以及写有“茅盾居室”的木质指示牌。

沿着这一线索，由此揭开了一段烽火硝烟的历史，一个惊心动魄的事件，即太平洋战争爆发之后的“香港文化名人大营救”事件。1942 年，龙川承担了这次大营救的中转任务，从香港转移到龙川的文化与民主人士及其家眷共有三百多人，其中包括何香凝、茅盾、柳亚子、邹韬奋、胡风等。随后，这批文化精英又相继从这里转移到大后方，成就了“抗战以来最伟大的‘抢救’工作”（茅盾语）。

一个古老的县城在战火纷飞中，与太平洋战争、香港沦陷等宏阔的历史情景发生了密切的关联。在粤港之间，龙川是一个特别且重要的存在。而正是这一重大事件，让龙川永远映现在中国现代著名文人的笔下。

龙川福建会馆建于清代，为闽籍商人同乡会会址。土木结构，三进院落式布局，总面宽 15 米，总进深 38 米，建筑占地面积 570 平方米　摄影 / 夏世焱

茅盾记忆中的老隆

01

和煦的微风吹皱了江水，热闹的街道上不时响着鞭炮声。1942年的元宵节，东江上游边上的小镇老隆，沉浸在一片祥和之中。

且不知，祥和喜庆的气氛中，杀机重重。在码头、街边、酒楼、旅店，特务的眼睛流动着，在等待着、搜寻着他们要找的人。

一条船缓缓靠近码头，从里面走出数十人，拖着疲惫的身躯，提着简单的包裹。“终于到了地方！”有人叹了一声。这是一群逃难的人，抵达老隆，犹如获得新生。最后走出来的，是坐在后舱的十四个人，男女老少都有。几个中年男子衣着朴旧、面容憔悴，但举手投足间透着文化人的气息。几个等待多时的年轻人迎了上去，悄悄对上信息后，就将这拨人带上忙碌的街道，穿过几个巷口，将他们送进一个叫福建会馆的地方。小镇上人来人往，似乎都不知道行色匆匆的这些人，会是现代中国最知名的文化人。

一个中年男子稍作歇息之后，又走出福建会馆，迈向忙碌的商业街区，完全将安全警示抛在了一边。他对这个地方产生了好感与好奇，打算一睹民风民情。这个“外江佬”穿梭在店铺与人流之间，看着各种各样的货物，听着各地而来的口音，会驻足询问店家的经营状况，也会拿这个小镇和其他地方做一个对比，以凸显它的特别之处。后来，他记下了自己在这里的所见所闻，语气感性且又肯定，显然富于报告文学的意味：

老隆，一个十足的暴发户。这无名的小镇，在太平洋战争以前，当鲨鱼涌还是“自由港”的时候，成为走私商人的乐土。而老隆之繁荣，其意义尚不止于此。

除了穿心而过的一条汽车路，其余全是湫隘的旧式街道。没有一家整洁的旅馆，也没有高楼大厦的店铺，全镇只有三四家理发店，其简陋也无以复加；然而，不要小看了这个外貌不扬的小镇，它那些矮檐的铺子简简单单挂了一块某某号或某某行的小小木牌子的，每天的进出，十万八万不算多。请注意，这还是六七人在曲江花三十多元可吃一席的时候。如果和湘桂路两端的衡阳和柳州来比较，那末，老隆自不免小巫见大巫，可是，在抗战以后的若干“暴发”的市镇中间，老隆总该算是前五名中间的一个。

这里的商业活动范围，倘要开列清单，可以成为一本小册子。有人说笑话，这里什么都有交易，除了死人。

（《脱险杂记》，第 376 页）

另一个逃难于此的男子，游过这里的街巷之后，也有大致类似的感受：

我随大家在老隆城里逛。这个城很热闹，好像没有遭到过日本人的抢劫。在别人的宣传和怂恿下，我买了一盒“铁观音”，其实是一个盒里装着锡制的两小瓶。听他们介绍这种茶的饮用方法，要用小壶小杯一口一口地品。这种品茶艺术简直只有在升平世界中才行。

（《龙川诗文》，第 167 页）

“暴发户”“繁荣”“热闹”“升平”几个非常简洁的关键词，精确勾勒出当时老隆特别的景象。华南大片土地已惨遭日军践踏，广州、汕头等昔日兴盛之城，业已沦陷，而这个小镇竟然还能如此欣欣向荣，实属难得。对于一路逃难的人来说，这地方更显得可观、可游、可居。

上面两位文化人，第一位是茅盾先生，第二位是胡风先生，两人都是中国现代文化史上举足轻重的人物。茅盾先生是广为知晓的著名作家，写出了《子夜》等名作，且在文坛上一直引领风骚，1949 年之后曾出任文化部部长；胡风先生向来以文艺批评与理论名世，在“左翼”文艺发展中贡献颇多。他们一路逃难，一路逢凶化吉，一路风尘仆仆，到了老隆之后，终于可以透一透气、歇一歇脚，看一看新鲜且又生动的世相。老隆这个他们之前也许从未听闻的小镇，恰恰适时给了他们一定的慰藉。而他们反馈给这个小镇的，则是用心用情的文字。

远道而来的文化人，又岂止是茅盾、胡风两人？何香凝、邹韬奋、柳亚子、黄药眠等文化人和民主人士共三百余人，都曾在其后的一段时间里相继赶来，在这里短居，在这里舒展身心。

在特殊的战乱时期，一大帮文化人和这个小镇发生了奇妙的关联。甚至可以说，纷至沓来的文化人，数量如此之多、又如此集中，在老隆文化史，在这个有着两千多年历史的土地上，可能都是空前绝后。

02

茅盾等文化人来临老隆，是老隆的高光时刻。而他文字中的老隆繁荣景象，则是这个小镇商贸史上的黄金时代。

整个龙川地处东江和韩江上游，雄踞两流域交通要冲。其中，老隆是龙川水陆重镇，是粤东北水陆交通枢纽。东江自北向南穿城而过，老隆其兴其盛，便受这一脉江水的滋养。此地原称老龙，清康熙二十七年（1688 年）改称老隆。嘉庆《龙川县志》曾载道："龙川旧县，宋熙宁年间迁邑东二十里，今有市集，尚以老隆名之。"1068—1077 年，龙川县衙曾暂迁至老隆，在 1949 年之前，这是老隆唯一一次作为县治所在地，其他时期一直是佗城。

1949 年，龙川县治正式迁至老隆。现在，它是全县的政治中心、文化中心、经济中心与交通中心。

1938 年 10 月，日军入侵华南之前，老隆是东江上游龙川、五华、和平、连平、新丰等县与江西定南、龙南、全南、寻乌等地货物交易与人员往来的集散地。广州、汕头等华南重要的交通据点相继沦于日军之手后，老隆在交通上的地位更日渐重要。

老隆向东经兴宁、梅县可通往福建各地，向北过和平直通江西，向东北则直达广东的战时省会韶关，向南则通向惠州，不但是战时东江的交通中心，甚至成为通粤赣闽的重要通道。

有便利交通，便有商贸流动。香港、广州、汕头沦陷后，老隆的商业发展迎来了一个新契机，正如茅盾所说的，成了“暴发户”。战时的老隆，商店增至四百余间，人口最高增至 14 万人，每日往来客车不下百辆。当时，运输到老隆并转运各地的货物，主要有洋纱、杂货、电池、食盐、胶轮、青淀粉等，而各地的土特产又汇集于此，在此转销出去。所以，在茅盾的记述里，才会有“这里什么都有交易”的说法。

其实，早在明清时期，老隆的商业就已经开始崛起，逐渐成为龙川及东江上游的经济重心与中心，与佗城的政治中心地位形成互补。

历史上的传奇，往往都是由离经叛道的人铸成的。据传，老隆的商业发展与清乾隆时一代豪商叶奇柏有很大关联，他就是一个不安分的人。叶家历代为农，就像这片土地上的人秉持耕读传家一样，父母就期望他学有所成，走科举与功名之路。但他无心于此，就外出闯荡，逐渐深谙经商之道。在外有了一定的积累后，他回乡创业，就是看中了这个地方独特的区位。他的商业眼光最终得到应验，在两三年的时间里，就在一条街上发展到三十多家店铺，经营南北货品，可谓应有尽有。因为叶奇柏是寨背人，大家就将他开拓的这条街称为“寨背街”，并延续下来。

老隆镇的华光路，是当地最为重要的商业街道之一；其前身即为寨背街。现在，有些老人，还会称呼华光路为寨背街。历经三百多年的风风雨雨，历史的繁荣仍在持续，变化的是人与时代，而不变的是那条路，以及那条路上的故事。

茅盾歇脚的地方叫福建会馆，原是一个商界同乡会的会所。清代时，不少福建人来到龙川经商，主要经营茶叶、烟草、药材等大宗货品。随着在龙川的闽籍人士越来越多，大家就集资修建了福建会馆，作为同乡的联络点和集会之处。

来到福建会馆，老隆、龙川、东江，就这样永远活在了茅盾先生的文字里了，成为恒久的人文记忆。而到底是怎样的机缘，让茅盾与龙川相遇？他到底从何处来，向哪儿去？那些在老隆迎接、保护他的人，又是谁？

03

风带着夕阳的宣言走了。

像忽然熔化了似的，海的无数跳跃着的金眼睛摊平为暗绿的大面孔。

远处有悲壮的笳声。

夜的黑幕沉重地将落未落。

不知到什么地方去过一次的风，忽然又回来了；这回是打着鼓似的：勃仑仑，勃仑仑！不，不单是风，有雷！风挟着雷声！

海又动荡，波浪跳起来，轰！轰！

在夜的海上，大风雨来了！

这是茅盾的散文名篇《黄昏》中的一段文字。在许鞍华导演的电影《明月几时有》中，小学老师方兰（周迅饰）读着她的租客茅盾（郭涛饰）的这段文字，窗台上的风轻轻地吹着，茅盾静静地听着，脸上心事重重的样子。

这是1942年刚过元旦之后的香港，整个城市就像《黄昏》里所说的那样，“在夜的海上，大风雨来了”！而他自己的命运，不幸被裹挟其中，渴望挣脱。他和龙川的缘分，追根溯源，就从此时此刻开始。

1941年12月8日，日军偷袭珍珠港，发动太平洋战争。日军同时进犯当时英国殖民统治的香港，战争爆发。茅盾曾在一篇文章中，这样细致描述香港遭受日军炮弹蹂躏的日子：

报上正式承认日本兵已经“出现”在黄泥涌峡道上，那天的晚上，我们这临时寓所内，人心最为恐慌。这一天，日本人的“放饭时间”特别短促，中饭和晚饭我们都用了“突击精神”，这才勉强煮好吃完，不受打扰。整个下午炮声不曾停过。我们枯坐室内静听炮弹飞过屋顶的尖厉的啸声。炮击最猛烈的时候，啸声成为一片，而远处的炮弹爆炸声也像连串的春雷，窗上的玻璃也震得乱响。

（《生活之一页》，载于《脱险杂记》，第151页）

然而，开战仅仅18天后，驻港英军便宣告投降，香港由此进入了长达三年零八个月的沦陷期。香港遭遇如此困境，这是茅盾所始料不及的。这是他第二次旅居香港，始于当年 3 月，从重庆赴港。他这次在香港，一共搬了四次家，住了五个地方，最后搬到西环半山上的一所住宅。对于在香港的大致状况，茅盾日后这样记载：

皖南事变后，我与德沚（我妻）到了香港。当时从重庆到香港的朋友不少，目的是在香港办报刊，就是《华商报》和邹韬奋主编的《大众生活》。我在这个刊物上发布了《腐蚀》。后来才知道，这部随手写、随机陆续刊登的日记体小说，却引起了国民党和共产党的注意。

（《脱险杂记》，第 1 页）

抗战期间，茅盾艺术成就最高、最具影响力的长篇小说，就是他在香港创作的《腐蚀》。这部小说以茅盾熟悉的“陪都”重庆为背景，批判锋芒直指国民党的黑暗统治。和 1938 年上海沦陷之后首次到香港的工作一样，茅盾这次在香港主要是办报办刊——这是他的老本行，早在 1921 年他就曾主编一时风行的《小说月报》。在港期间，他曾主编过《笔谈》与《文汇报》的《文艺周刊》。

正是茅盾、邹韬奋以及大量文人的文学活动，改变了香港的文化生态，对香港文学与文化活动的发展起到了促进作用。抗战以前，香港有“文化沙漠”之称；抗战之后，像茅盾这样的大批的文化人（包括作家、报人、戏剧家、电影人、画家、评论家等）来到香港，“文化沙漠”变成了“文化绿洲”与“文坛中心”。

但是，随着香港的沦陷，茅盾等人在港的一切文化活动都戛然

福建会馆内雕梁画栋，木雕等图案精美，具有较高的建筑与民俗艺术研究价值　摄影 / 夏世焱

而止。

日军占领香港后，大肆搜捕爱国人士和抗日分子，并贴出告示限令在港的知名文化界人士前往“日本军报道部报道”；日本文化特务会在香港的电影院打出幻灯字幕，点名著名电影人蔡楚生等人到日军俱乐部“会面”；特务机关甚至在报上刊出“请邹韬奋、茅盾先生参加大东亚共荣圈建设”的启事。这批进步的文化界知名人士和爱国民主人士，当中许多人已经列入“黑名单”，人身安全岌岌可危，一旦落入日军魔爪，后果不堪设想，或将酿成中国文化界的灾难。

其实，在香港沦陷之前，茅盾就已经预感到大事不妙，就像他记述的那样：“在日本进攻香港之前的两三天，我们都知道事在旦夕，大家纷纷整理行李。”及时逃离香港才是万全之策，但文弱书生又如何逃离呢？到底逃往何处呢？

《明月几时有》就是一部讲述茅盾等人逃离香港的电影，在许鞍华唯美细腻的镜头中，一代知识分子在时代危机中的惶恐、不安与坚韧，被一丝一缕地呈现出来。电影中，就在方兰当着茅盾的面朗读他的文字这段场景之前，茅盾去了邹韬奋主办的《大众生活》杂志社取回了逃离香港的方案与路线图，一路上随处可见饿殍横尸街头；这段场景之后，则是他的太太被特务跟踪，两人准备逃离住处时差点被特务骗走，幸好神枪手刘黑仔（彭于晏饰）及时救场，才得以安全脱身。

“我和妻把行装简之又简，结果是两个小包，一个小藤筐，换言之，就是一条毛毡，几件衣服，一个热水瓶和若干零星小用品。”（《脱险杂记》，第 151 页）就这样，茅盾夫妇等人，在东江游击队的保护下，在苍茫的时代踏上苍茫的逃难的路。

04

1941 年 12 月 8 号，在香港皇后大街 18 号的八路军驻香港办事处，廖承志正眉头紧锁地看着手上的四封加急电报。廖承志是著名民主活动家廖仲恺的儿子，在蒋介石发动四一二反革命政变之后，愤而脱离国民党。抗战全面爆发之后，廖承志任八路军驻香港办事处负责人，负责南方各省的工作。

廖承志手中的电报，第一封是党中央的紧急指示，而后三封则全部来自中共中央南方局书记周恩来。电报里，周恩来语气急切地反复询问："在香港的朋友如何处置？在九龙的朋友是否撤出？"一连三封电报，周恩来的殷切之情跃然纸上。电报中的"香港的朋友"与"九龙的朋友"，便是包括茅盾在内的文化人与民主爱国人士。

一个针对香港文化人与民主爱国人士的大营救行动，就此拉开帷幕。几十年之后，廖承志在一篇文章中这样回忆这一营救行动：

1941 年 12 月下旬，日军占领香港不久，我们接到党中央周恩来同志的指示：许多重要民主人士、文化界人士被困留香港，他们是我国文化界的精华，要想尽一切办法将他们抢救出来。我和广东省委、香港党组织及部队的负责人进行了研究部署。经过三个月紧张的工作，克服许多艰难险阻，从日军的严密封锁下，抢救出民主人士、文化界人士何香凝、柳亚子、茅盾、邹韬奋、胡绳、夏衍、戈宝权等七八百人，并护送他们到达大后方。同时抢救出来的还有余汉谋夫人、国民党官员陈汝棠等，以及英、美、荷、比、印等国际友人近百人，胜利完成党中央赋予的任务。在国内外获得好评，得到党中央的表扬。

（《东江纵队史·序言》，载于《东江纵队志》，第3页）

被营救的文化人的名单，还可以拉得很长，包括廖沫沙、黄药眠、端木蕻良、梁漱溟、叶浅予、丁聪、郁风、袁水拍、蔡楚生、胡蝶、特伟、范长江……可谓群星璀璨，是一个时代的“文化瑰宝”。对于这次大营救与香港脱险，茅盾曾写过一本《脱险杂记》，个中细节惊心动魄。关于营救人数，茅盾在这本书中，提到“几千文化人安然脱离虎口，回到内地”。但考虑到廖承志的官方背景，仍以其公布的数字为准，即概数“七八百人”。

1942年1月9日，第一批文化人撤离，其中就包括茅盾夫妇。随后，七八百个文化人与民主人士悉数“蒸发”，无一人深陷日军的魔爪。

他们换上老百姓常着的便装，打扮成“难民”的模样，由东江游击队的交通员引领到铜锣湾避风塘上船。绕大街、穿小巷，尽量避开日军哨岗和检查站，至黄昏时才登上准备转移的大驳船。在此前后，邹韬奋、梁漱溟、胡绳、廖沫沙、于伶等人，也从其他集中地被交通员护送到这里。茅盾看到大家后，突然怔住了：“这哪里像逃难，这简直像开会，许多熟面孔全在这里了，闹哄哄地交谈着十八天香港战争中个人的经历。”

关于船上的场景，许鞍华在《明月几时有》中，亦给予影像展示。在这部电影中，梁文道扮演的梁漱溟和同道热切交谈，仪表、神情、举手投足，像极了中年大学者梁漱溟，或者说，倘若 49 岁的梁漱溟站在你眼前，也无非就是梁文道那个样子。据我所知，这是他唯一一次在大银幕中扮演角色。

在大营救过程中，东江游击队要保护茅盾等人穿越各种封锁线，具体执行这些任务的，多是年轻人，甚至包括未成年人。有一次，茅盾所在的文化人小分队一共七人，要穿过一条封锁线，就有一段文字袒露了他对这支队伍的信任与称赞：

护送者换了人，挑夫也换了人。护送的人数增多了七个，而且带的是长枪和手榴弹。这表示了今晚这一段路和前两晚的不相同了。但是，我们并不担心。负责人早就告诉我们，今晚要通过敌人的封锁线，所谓封锁线，游击队本来视同无物的，他们既然负责护送，那就一定有把握。而特别使我们高兴的，便是那位南洋来的青年指挥这小小的护送队。

出发以前，这位南洋青年告诉我们，他担任了护送的职务，问我们有什么问题。他的态度和语气照例是这样不慌不忙，就好像他是带我们出去游玩似的。

…………

七个武装中间，除南洋青年外，也都是中学生模样的青年，最小的一位看样子不过十四五岁，枪杆和他身材一样高，满脸的稚气，老是嘻开着嘴巴笑。

（《脱险杂记》，第 287—288 页）

一位“南洋青年”，一群“中学生模样的青年”，一个“不过十四五岁”“满脸的稚气”的孩子，就这样英勇无畏地护送着茅盾等文化精英穿过封锁线，顺利转移到安全之地。他们可能不知道茅盾是谁，不清楚他所写的文字、所做的事情，甚至也有可能不了解为什么要护送茅盾离开香港，在他们心里，不过是执行命令、承担了一项任务，但他们怀着一颗勇敢的心，做了一件意义重大的事情。而作为后人的我们，也不知道这些“青年”与“孩子”到底是谁，但我们知道，他们改变了茅盾的命运，改变了危急时刻中国文化的命运。

在年轻的队伍中，有许多“南洋青年”这样的人。当战火在东江地区燃烧起来的时候，一波波港澳及海外青年纷纷回祖辈的家乡参军参战，出现了父母送儿女、妻子送丈夫、家长带领全家回乡的感人场面。据统计，总人数达千人之多。最令人感动的是香港女教师李淑桓，抗战爆发后，将自己七个孩子中的六个，先后送到东江游击队等队伍参战，而她自己最终也投奔了东江游击队，在东莞大岭山壮烈牺牲，年仅 47 岁。

捐款捐物是海外华侨和港澳同胞支援东江游击队的主要形式。1939 年初，海外华侨经宋庆龄先生转给这支队伍的捐款一次就达港币 20 万元。与此同时，港澳及海外人士还在国际上宣传游击队伍的壮举，为他们呐喊助威，争取舆论支持。

茅盾的这一段关于士兵构成的记述，不经意间透露出这一部队和其他部队最大的不同，即在于得到了海外华侨和港澳同胞的鼎力支持，集结了一股地域广阔且凝聚力强的抗日力量。这首先源于东江地区和港澳及海外的深密联系，可以同仇敌忾，可以众志成城。

05

逃难的路上惊险不断，有一次突然发生险情，茅盾先生的夫人德沚差点发生意外：

那时我正在德沚的前面抹黑走着，只觉得脚踩到了石板上，“这莫非是桥？”正想着，就听见后面扑通一声，回过头去，身后的德沚已经不见。我连忙大叫：“不好了，不好了，德沚掉到河里去了！”用手电往下照，深深的竟不见底，只听得哗哗水声。我骇呆了……闻声奔来的人也吓慌了。这时，桥下却传来了德沚的声音：“还没有死呢！可是怎样上去呢？”这真是一个奇迹！原来当时是枯水期，德沚正好跌进近岸的水草和烂泥里，竟一点没有受伤。

[《茅盾回忆录》(下)，第 134—135 页]

在 1942 年春节的前两天，茅盾一行人冲破重重封锁线，到了惠阳城。惠阳是他们一个月来逃难生活中第一次遇见的大城，其时，冻雨连绵，北风怒吼，天气之冷出乎意料。新年就要到了，但逃难中的茅盾并无过节的心情。

惠阳是叶挺将军的故乡，地处广东中部、东江中下游南岸，沿着东江逆流而上，就可以到达老隆。中共惠阳县委通过打入国民党税局的党员，用高价为他们购买到证件，并收购了国民党军队的走私船票，才将茅盾等人顺利接上船。就在除夕夜，茅盾等人挤上一条船的后舱，出发去老隆，“于是沙丁鱼的生活开始了，十四昼夜放到老隆，恰好看见这‘暴发户’似的小镇的市民咚咚锽锽闹元宵”。

为什么要去龙川老隆？这个地方到底有何特殊之处？八路军驻香港办事处秘书长连贯，在整个大营救过程中，担任了重要角色，正是他率先北上老隆布置交通点，也正是他通过周密安排，迎接、保护并转移文化人与民主爱国人士。对于老隆这个中转点的选择，营救组织者有特别的考量：

我同廖承志、乔冠华等人从惠阳游击区经坪山、茶园、淡水等敌、伪、匪、顽占据的犬牙交错的复杂地区，先后又碰到过几番“险情”才到惠州。因为有了这段实践经验，我们更确切地知道，由于广九和粤汉铁路南段均被日军控制，要把从香港抢救出来的脱险者继续向内地更安全的地方转移，则非经惠州北上老隆不可。老隆是龙川重镇、东江航道的终点。从老隆可去韶关，经湖南转桂、黔、川；东可去兴、梅、埔，转闽西南、闽西北，并辗转去皖南、苏北。（《秘密大营救》，载于《抗日战争中的东江纵队》，第178页）

前面已经提到，老隆具有独特且又显要的交通区位优势，恰是这一优势，使之成为从香港逃离过来的文化精英再次突破种种风险，转移到内陆各地的中转站。

由惠阳乘船至老隆的水运过程，茅盾在《脱险杂记》中写道：

枯水时期的东江，由惠阳至老隆，木船须走十至十二天，如遇顺风，那就不定，五六天也可以。但那时正多北风，人们不存奢望，船家口口声声说要走十二天，对，十二天，四十多人在船上要过十二天，二百八十八小时。船呢，每天约行三塘路，每小时平均五里，为了要拣平安可靠的地方停泊过夜，所以尽管天一亮就开船，却不能行到天黑才停止，中间得除去船上伙友吃饭时间的一个钟头……

（《脱险杂记》，第 371 页）

不管路程多么艰苦，总算到了老隆，总算可以在龙川的青山绿水间歇一歇脚。由此，一代文学宗师与龙川发生了关联。“老隆”是《脱险杂记》整本书的最后一节。或许，在他心里，写到这里，就意味着转危为安，意味着一段逃难的历程终于可以暂时画上一个句号。

06

兵荒马乱的年代，知识分子无法置身事外、无法自掌命运，为了安顿肉身，必须继续将双脚放在辽远的大地上，崎岖前行。

根据《茅盾回忆录》，夫妇二人在老隆住了一晚，过了一个元宵节，第二天便化名孙家禄，以“义侨”的身份搭上一辆去韶关曲江的军用卡车。对于茅盾离开老隆的情景，连贯曾这样回忆：“茅盾到老隆后，却不肯隐蔽。经我们再三劝说，他仍执意要冒险走，说：‘国民党要杀便杀。’”（《龙川诗文》，第 182 页）由此细节，便看出茅盾坚硬的性格与豁达的性情。

1942 年 3 月 9 日，茅盾夫妇终于乘火车到达桂林。此时，距离他们离开香港恰好两个月。

到达桂林后，茅盾夫妇在旅馆里暂时住下，衣着与形象已经差到不能再差，连茶房都鄙夷他们落魄的样子：

两个人都穿一件又肮脏又肥大的蓝布棉袄（这还是东江游击队发的），我一手提个包袱一手拎只暖瓶，德沚也提个包袱，另一只手拎只小藤篮。我的包袱里是一条德国毛毯，德沚的包袱里是几件换替衣服，藤篮里则放些梳洗等日常用品，包括我的那本《新旧约全书》——这就是我们的全部家当。我们的钱袋，经过三个月的难民生活，也快掏空了。

[《茅盾回忆录》（下），第 35 页]

倘若对比在香港出发时的情况，在穿过滚滚战火与重重封锁线之后，茅盾夫妇此时的装备还算完好无损。包袱、藤篮、毛毯、暖瓶都还在，还包括那本《新旧约全书》。当天回忆起这段历程时，茅盾内心涌起的是感念、是庆幸，他说：“香港战争和东江脱险都是很好的题材，都可以写成几万字的中篇，尤其后者是我一生中难得的经历。”[《茅盾回忆录》（下），第 39 页]

07

广东是茅盾先生不断造访之地，而且总是在历史的重要时刻涉足南粤大地，就像这次东江脱险，留下“一生中难得的经历”。

他第一次到广东，是在 1926 年元旦之后。彼时，“国民党二大”已在广州开幕，国内大革命进入高潮，以广州为中心，汇聚起全国的革命力量。1 月 7 日，茅盾和恽代英等五人，站在去广州的“醒狮号”轮船的甲板上，冷得侵肌入骨。但茅盾心里，却是热乎乎的，他要去南方以南重新寻找自己人生的价值坐标，对革命风暴充满了无限的向往。

五天之后，1 月 12 日，茅盾等一行人终于到达广州。“国民党二大”19 日才结束，其间，全国社会政治精英云集广州，让茅盾大开眼界，并结识了诸多名流。

会议结束之后，茅盾本来要返回上海，但事情突然有变，陈延年希望他留在广州工作，单位就是国民党中央宣传部。当时的宣传部部长由汪精卫兼任，毛泽东则任代理部长。在接下来的工作中，茅盾果然不负众望，完成得很出色，还曾主持宣传部的实际工作。

不过，国共合作的情势急转直下，人在动荡局面中身不由己。3 月 20 日，中山舰事件爆发，蒋介石蓄意打击共产党，广州革命形势危机重重。此后，茅盾奉命离开广州，回到上海。他乘坐的轮船依然是“醒狮号”，只不过，心境大有不同。大海碧蓝依旧，波涛汹涌依旧，但革命的前途何在？广州变幻莫测的时局，让他心生万般惆怅。

但不管怎样，在他首次南下广东的两个多月里，这段经历让他对革命、对时局有了更清醒的认知、更冷静的观察。激情之于革命很重要，但理性与洞察力同样必要。对于茅盾来说，第一次短居广东让他经历了一次非常重要的革命历练，产生了深远的影响。

茅盾第二次到广东，同样是在刚过元旦不久，不过已是十二年之后。这一次，时局及心境有了很大的变化。

1937 年是一个烽火连天的年份，日军侵华，中华民族由此陷入危亡之秋。11 月之后，上海、南京相继沦陷，社会紧张气氛陡增。12 月底，茅盾和夫人孔德沚再次登上去广州的轮船，接下来的新年，便只好在茫茫大海的孤船中度过，没有喜庆的气氛，只有惊涛在冷风中叫嚣。

1938 年 1 月 3 日，茅盾夫妇终于到达广州，发现码头上尽是南下逃难的各种各样的人。他们本想通过广州再去长沙，苦于一时买不到票，就在朋友夏衍的帮助下，在这里落脚。当时，夏衍担任《救亡日报》主编，编辑部就在西关的长寿路。

2 月 24 日，茅盾夫妇再次从长沙折返广州，入住珠江边上的爱群大厦。当晚，夏衍、潘汉年、欧阳山、林焕平等朋友就登门看望茅盾。在战乱的年头，老友相见分外亲切，也倍加珍惜。三天之后，茅盾一家又去了香港居住，但和广州的关系始终没有断，其中一个重要的缘由就是出版《文艺阵地》。3 月 24 日，茅盾从香港来到广州亲自监督《文艺阵地》的排印，创刊号“费尽了心力”，终于在 4 月 16 日如期出版，并一炮轰响，张天翼的《华威先生》更是引起了强烈反响。

这份在岭南大地上创刊的《文艺阵地》，到底是怎样一份刊物呢?《文艺阵地》由茅盾担任主编，是抗战时期历时最久、普及最广、影响最深远的全国性的大型文学期刊之一，于 1942 年 7 月终刊，中间几经起伏。其在中国抗战史与现代文化史上都留下了光荣的痕迹。虽然这份刊物后迁到上海出版发行，但其胎记上打着深深的岭南烙印，这是岭南文化史上值得发掘与重视的历史踪迹，只是比较可惜的是，这份《文艺阵地》以及围绕在刊物周围的人文记忆，却湮没于历史的风烟中，我们对此知之甚少。

茅盾从来都没有把自己定义为一个单纯的作家，而纵观他的一生，他丰富的生命意涵也绝非仅仅一个作家身份所能概括的，尽管他的作品的的确确彪炳史册。在他身上，延续着中国传统文人的士大夫精神，心系苍生、身怀大义，在激荡的历史洪流中安身立命。他对吟风弄月了无兴趣，最在意的仍是捉笔代刀，或者直接参与政治。所以，他的作品以及他这个人，具有政治的属性与历史的品格。

第一次国共合作、南下抗日、文化人大营救……在广东辽阔深邃的历史场景中，茅盾是参与者，是见证者，是一个鲜明的文化与政治符号。所以，我们回顾考察广东的革命史、抗战史、文化史，根本无法绕开茅盾，以及像茅盾这样的大批文化人，比如鲁迅、郭沫若、梁漱溟等人。当有思想、有才情的文化人，踏上波澜、火热的南粤大地，这样的相遇是历史中怦然心动的时刻。

他们为什么要来广东，他们与广东到底发生了怎样的关联，而广东又怎样呈现在他们的生命与文字中，或者简单地说，他们对广东意味着什么，广东对他们又意味着什么，诸如此类的问题，仍需我们不断重返历史，在尘封的文献与广袤的土地中，寻回独特的人文记忆。

08

一个冬日的下午，我赶到龙川，第一站便去了福建会馆，去寻觅茅盾先生“一生中难得的经历”。

建于清代的福建会馆，就在龙川县城里面，周围是民居，前面是一个广场。会馆坐东南向西北，三进院落式布局，建筑设计精巧、雕刻精美，一派古色古香的韵味。一旦踏入会馆，墙面上的展板与展示的物件，就像电影中一帧帧的图像，组合成一部风云激荡的历史大片：

清代时，闽籍商人修建福建会馆，在此联络乡情、沟通商务；

1923 年春至 1925 年秋，农民运动先驱彭湃曾两驻福建会馆，宣传革命思想；

1925 年 10 月，东征军左路军在福建会馆设立指挥部，左路军纵队长程潜和党代表林伯渠随军在此居住；

1942 年 1 月至 5 月，香港文化名人与民主人士大营救中，福建会馆成为重要的中转站，茅盾、邹韬奋、何香凝、柳亚子等人从这里转移到大后方；

1949 年 6 月 1 日，广东最早解放的县级城市龙川县人民政府在福建会馆宣告成立；

福建会馆中的茅盾居室　摄影 / 韩帮文

1949 年之后的几十年里，福建会馆曾为镇政府、镇法庭、幼儿园、塑胶厂等机构的办公所在地。

各个阶段、各种形态的历史叠加在一起，充斥在这个建筑面积不到 600 平方米的老建筑里，仿佛空间里的气息都变得黏稠起来，用手触摸，驳杂的声响瞬间从指缝里挤出来。

在会馆最里面的大厅，是茅盾、柳亚子、连贯等人的塑像。茅盾先生坐姿轻松，眼睛对着对面，仿佛在怀想着什么事情。或许，在七十八年前，先生从老隆的大街上回来之后，就是这样坐着，回味着他在这里发现的世相与乐趣。

柳亚子重返龙川

复壁殷勤藏老拙，柳车辛苦送长征。
须髯如戟头颅贱，入水登山愧友生。

这是柳亚子留在龙川的一首诗，情意深切，措辞苍劲。

柳亚子是谁？人物辞典通常这样介绍：曾创办并主持南社，曾与宋庆龄、何香凝等从事抗日民主活动，曾任孙中山总统府秘书、中国民主同盟中央执行委员。也有人可能会想到一代文豪郭沫若的点评："是一位典型的诗人，有热烈的感情、豪华的才气、卓越的器识，随着时代的进步而进步。"

但最广为知晓、让人最感兴趣的，也最能反映柳亚子才情与气格的，则是他与毛泽东的诗词唱和，已是现代诗坛的一段佳话。1945 年重庆谈判之时，两人关于《沁园春 · 雪》的唱和，让山城舆论界见识了毛泽东的文韬武略；1949 年，毛泽东的"牢骚太盛防肠断，风物长宜放眼量"，就出于两人一唱一和之间。

诗词大家柳亚子，又是在怎样的机缘下，在龙川留下这首佳作的呢？

这又要说起“香港文化名人大营救”。只不过，柳亚子和茅盾沿着两条不同的路线出走香港。

大致来说，“大营救”共有五种方案与线路：廖承志、连贯及部分文化精英经深圳大鹏湾到惠阳游击区，再到老隆、桂林，即东线；茅盾、邹韬奋等人渡过深圳河到宝安游击区，再经惠阳到老隆，再到桂林，即西线；梁漱溟等人经肇庆、梧州等地到桂林、重庆；夏衍、蔡楚生、范长江等人经长洲岛、中山或台山、湛江等地至桂林、重庆；还有一部分人经长洲岛到海丰，经揭西、五华，再到老隆。柳亚子、何香凝等人年老体弱，难以承受陆路长途跋涉之苦，就被安排乘船，沿着第五条线路转移到内地。

日军入侵，让生活在香港的民主与文化人士颇为震惊，惶惶不可终日，柳亚子便对此表示：“这一次打击，有些出乎我们意料之外。”（《柳亚子自述》，第 225 页）1941 年 12 月 8 日，即日军轰炸九龙的第一天，柳亚子特意去看望了一个人，即他的忘年交、著名女作家萧红。当时，萧红已病入膏肓，柳亚子用细腻的笔触勾勒出萧红的悲惨与孤寂：

原来我和萧红认识，已在她肺病很厉害的时候，但感情非常的好，我每到她病榻旁小坐，就觉得温暖异常。这天她受了刺激，神经有些失常，拖住了我，坚决地要我和她在一起，她认为这样她才可以安心。

（《柳亚子自述》，第 225 页）

萧红已经无法动身，无法离开香港。1942 年 1 月 22 日，一代才女撒手人寰，一缕香魂留在了香江之畔。到了 1957 年，她的骨灰迁到广州银河公墓，和故乡哈尔滨远隔地北天南。

在萧红离世一周前，柳亚子偕同何香凝等五人离开香港。这一路也并非顺利，而是历经多次迂回曲折，柳亚子在回忆录中，就记录了这样一种窘状：

> 讲起从长洲到海丰的海道路程，碰着顺风两天可到，谁知道这几天不是没有风，便是逆风，这艘听天由命的帆船，在海洋中，竟是毫无办法。我们天天问老板，或是船上的老舵工，今天有没有顺风？走了多少路呢？回答的总是否定，走了四五天，看见的陆地还是像个九龙一带呢。到了后来，索性连粮食和淡水都完了。
>
> （《柳亚子自述》，第 225 页）

彼时，何香凝 64 岁、柳亚子 57 岁，岂能抵抗得住如此颠沛流离？所幸的是，及时得到了游击队的供给。

柳亚子一路上还特别化了妆，以防特务辨认出来。一番周折之后，终于到达了老隆，但柳亚子起初有所失落。原来，根据原计划，连贯会在老隆迎接中转到此的文化人，并安排接下来的转移，结果，柳亚子初临老隆的时候，恰逢连贯离开此地，去秘密执行其他公务，而其他人又恰不知他的具体去向。另外，他又听闻，前几天有许多文化人在此过境，又接连去了韶关。两件事加在一起，更让柳亚子心急如焚。如此焦灼，他也无心去欣赏老隆的山水与世风，闲待了几天之后，就被一对从中山大学毕业的年轻夫妇接到梅州兴宁一个叫石马的村子，在那里居住了半个多月。老顽童在乡下享受了一段逍遥时光，称这“是离开香港之后最大的愉快”，“有些乐不思蜀起来”。

突然有一天，连贯亲自赶来石马村，要接他回老隆。这一次重返老隆，情形和上次大不相同，用柳亚子自己的话说便是：“这一帮人，把我们捧凤凰似的捧了几天，吃很好的酒菜，住很清洁的旅馆，所以，倒是不觉得旅途的困顿。”（《柳亚子自述》，第230页）在这样的兴致之下，柳亚子也许曾在东江边上闲庭信步，也许会像茅盾一样，在大街小巷品赏物类之盛。

几天之后，柳亚子在老隆坐上运货的大卡车，“和货物一同运到韶关去了”。和连贯等人别留之际，就口占一阙七绝相赠，这便是这篇文章开头那首情感浓郁的诗作。

20 世纪 80 年代的福建会馆　供图 / 龙川县委宣传部

伍

神采

佗城面临东江，背靠鳌山，山清水秀，景色宜人，处处古刹，古色古香，是南越王赵佗称帝的古城。

——萧殷《我怎样走上文学道路的》

龙川以先秦百越土著文化为肇始，以赵佗任龙川县令为起点，历经两千多年中原与百越文化交融互生，形成了极具个性的客家文化。

龙川作为客家古邑，堪称岭南客家文化的起源地之一和岭南文化的发祥地之一。在龙川人文传统之中，依然荡漾着人类童年般的天真、青年般的活力和老人般的沧桑，从而使这方土地始终氤氲着轻盈妙微的灵气与令人回味无穷的苍茫。

文化是人化，文化的最终成果是人格。龙川文脉畅达、文风炽盛、文思开远，诸多文化名流从这片厚土走出去，走向中国，走向世界，走向壮阔明朗的境界。

这些人是龙川文化的神采，读懂他们，或可读懂龙川。

龙川佗城影剧院建于 20 世纪 40 年代，萧殷题名　摄影 / 韩帮文

萧殷文字中的温热

01

华侨最高学府暨南大学文学院的一楼大厅，有一面墙张贴着 90 载历程中各个时期俊彦鸿儒的图像，陈钟凡、郑振铎、钱锺书、何炳松、周谷城、沈从文、梁实秋、夏衍等先生都曾在这里留下不凡的足迹。每天，学生从这里走过，历史的光辉洒了下来，好像悄无声息落了一身清雪。

群星闪耀中，有一张黑白图像，那个人面目清瘦，线条硬朗，眼神中透着沉静与坚毅。他是萧殷先生，在 20 世纪 60 年代，他曾任暨大中文系主任。

犹记得 13 年前暨大研究生开学的时候，学科点组织了一次师生见面会，著名学者饶芃子先生给我们上了第一堂课，特别讲到时下年轻学子应该对系史、院史有所了解，记得并懂得这些名教授的治学经验，总是一件好事。就在那时，从饶先生口中得知系史上这位分量很重、地位很高的文艺理论家——萧殷先生。饶先生曾做过他的助教，受他教益颇多，也从他的日常中领会了人格的魅力。饶先生讲起那些朴素细微的往事，让人感动，让人神往。

萧殷先生是谁？了解多了，更觉他的了不起。

老先生是“老延安”，资格很老。1938 年他就去了革命圣地延安，进入鲁迅艺术学院（后简称“鲁艺”）学习，并由学员转为教员——延安中央研究院文艺研究员和中央艺校教员。1942 年，他在延安亲耳聆听了毛泽东的《在延安文艺座谈会上的讲话》。作为延安整风运动的重要组成部分，毛泽东的这篇讲话重点论述了文艺为什么人、普及与提高、内容和形式的统一、歌颂和暴露等无产阶级文艺的根本性问题，对于中国当代文艺生态及创作的影响不言而喻。在一定程度上说，《讲话》的接受史、影响史与阐释史，就是一本鲜活的当代文艺史。

聆听毛泽东讲座的时候，萧殷先生年仅 27 岁，可以想见，这对他的文艺思想会产生深刻的影响。1949 年以后，萧先生像许多鲁艺人一样，成为国家文艺的组织者与管理者，从事文艺创作、文艺评论、报刊编辑等工作。参与编办《文艺报》与《人民文学》这两大权威报刊，即是他“不知休息，不逃避任何困难的工作”的明证。（《1949—1999 · 五十年文坛亲历记》，第 413 页）

萧先生在文艺界资格老，但从不倚老卖老，而是尽自己所能去帮助有才华的年轻人。一连串的名单早已映现在大量作家对他的回忆文章之中。著名作家王蒙先生就曾受其关爱，对其以“恩师”相称。1987 年 6 月 30 日，在他给萧先生的夫人陶萍女士的一封信中，就表达了对恩师的感激与敬仰：

萧殷师一生勤勤恳恳，“俯首甘为孺子牛”，许多年轻人受到他的教益。回想五十年代，我二十岁的时候，他对我的极不成样子的处女作初稿《青春万岁》的鼓励和指点，回想在赵堂子胡同萧殷师的小院谆谆受教的情景，永世难忘。

萧殷同志是我的恩师。在严峻的日子里，他鼓舞我安慰我；在春回大地的时刻，他热烈地召唤我的“第二次文学青春”。当然，这不仅是对我个人的好处，而是通过这一斑可以看到萧殷师的遗泽与师心。

（《给陶萍同志的信》，《作品》，1987 年 10 月号）

在王蒙先生眼里，萧先生显然是发现其文学才华的“伯乐”，这份情谊让他一直感怀在心。他在《不成样子的怀念》一文中，用饱含感情的笔调，回忆在北京赵堂子胡同 6 号和恩师萧殷的第一次会面：“在那里，文学的殿堂向我打开了它的第一道门，文学的神物化为一个和颜悦色的小老头，他慈祥地向我笑，向我伸出了温暖的手。”（《百年萧殷纪念文集》，第 180 页）

2018 年 12 月 7 日，萧殷文学馆在河源图书馆揭幕，84 岁的王先生专程赶来参加这一庄重的仪式。王蒙在座谈会上说，他的短篇小说《组织部新来的年轻人》遭到批判时，萧殷曾出面辩护更令他难忘。在王蒙眼里，萧殷一般很少严厉批评别人，“他是一位非常讲品质的人，是一位非常自律、非常崇高的人”。

在这之前，王蒙还来过一次河源，同样是为了缅怀恩师。1986

年，他时任文化部部长，到龙川县萧殷公园拜谒恩师雕像。当时全国除了青岛有一座鲁迅公园，其他地方还没有以作家名字命名的公园，龙川的萧殷公园是第二座。

萧殷先生就是龙川人，生于岭南最古老的城镇之一——佗城，原名郑文生，曾用名萧英、肖英。鲁迅先生曾于 1936 年 10 月 9 日在日记中记载："得肖英信并稿"。

02

从广州赶到佗城，已是大中午。虽已近深冬，但暖阳还是毫不吝啬地洒在岭南的土地上，和煦的风吹来，好像这已到了春天。将车停在孔庙前面的广场上，首先映入眼帘的，是一座电影院，上面写着"佗城影剧院"，落款便是"萧殷"。

电影院有些年头了。那种山字形、马头墙式的牌楼，一下子将人拉回到过去的场景之中，仿佛在明确地告知每一位游客：来佗城，就是来怀旧的。这样的电影院几十年前在县城或小镇比较常见，但后来在城建的洪流中不断遭受毁坏。一问当地人，佗城的这座果然是 20 世纪 40 年代的老电影院。1949 年以后，进行过数次翻修，一直延续到现在，被改造成颇有地域特色的饭厅。几年前，当地政府要扩建孔庙前的广场，本来要拆除这座电影院，有领导来视察，一看电影院的名字是萧殷题写的，便要求保留下来。或许，萧殷做梦也不会想到，死后多年，自己的名字还能发挥“免死令牌”的威力，居然保住了一座老电影院。

从老电影院往回折返，沿着商业街走大概10分钟的路，再拐进一条小巷，就到了萧殷故居。萧先生在自己的文字中称这个地方为“竹园里”，那时周围一片竹林似海、清风如梦。现在来看，环境不免有些杂乱，后建起的房屋参差不齐、高矮不一，密密匝匝地包围着他曾住过的老房子。这是一座三层的小楼，外表很像开平或东莞的雕楼，只是尺寸小了几号，白色的墙体历经风雨的冲刷，一片片地露着深色的质地，更添了几许沧桑的样子。

我站在路边，凝视着窗户，到底想知道什么呢？是他“灰色的童年”(《我怎样走上文学道路的》这篇回忆录第一节即“灰色的童年”）还是贫困悲苦的生活？是他对权贵的愤怒还是对大同社会的期望？是他的勤奋好学还是他的革命理想的萌发？是他对新文学的热爱还是对荷马史诗《奥德赛》的阅读？是他对小人物命运的怜惜还是对生命和世道的最初思索？

绕过老房子，走到前门，在一楼的门楣上看到赖少其先生题写的“萧殷故居”的牌匾，由于光线幽暗，不仔细看，很容易忽略掉。赖先生是萧先生20世纪30年代初在广州市立美术学校的同学，是一位老革命，也是一位颇有成就的艺术家。想当年，萧先生在哥哥的支持下，在美术学校勉勉强强读了一年，也厌倦了陈旧的古画临摹的教学方式，便拿起笔写小说，“急不可耐希望采用别的武器去参加如火如荼的救亡运动和现实斗争”。萧先生的小说创作数量并不多，却是他文学追求乃至整个血肉人生的重要组成部分，小人物的

萧殷故居　摄影 / 韩帮文

“萧殷故居”由著名书画家赖少其题写　摄影 / 韩帮文

悲剧是他 1949 年前创作的主要基调。然而，正如知名学者程文超所说：“萧殷并不为悲惨而写悲惨，生活经历在萧殷心中置下了双重情结：对美好的憧憬与追求，对邪恶的抨击与控诉。”［《谈萧殷的文学创作》，《中山大学学报》（社会科学版），1994 年第 3 期］。在《乌龟》《疯子》《狗运的一生》《父与女》《除夕之前》等小说中，会轻易解读到他早年在龙川生活的影子。

离开萧殷故居，走在佗城的道路上，夕阳西下，给这座小镇抹上了浓重的色彩。这是有着两千多年历史的小镇，这是萧殷先生曾经生活的地方，饱经风霜的土地上留着生命挣扎的痕迹。几十年之后，他这样诉说这个小镇，田园牧歌、人文色调与苦难悲情交织在一起：

佗城面临东江，背靠嶅山，山清水秀，景色宜人，处处古刹，古色古香，是南越王赵佗称帝的古城。但到我懂事的时候，它和全国农村一样，正面临着农村经济的破产。“农民头上三把刀，地主官僚高利贷”。加上连年遭灾，农民纷纷逃荒要饭，美丽的故乡满目疮痍，一片凄凉。

（《龙川诗文》，第 196 页）

03

1949 年之前，在某种意义上说，萧殷先生是一种“前行者”的角色。从山区龙川到省城广州，到上海滩，再到革命梦想的聚集地延安，青年人萧殷从苦悲的土地走出来，逐渐加入汹涌的革命洪流，生命的激情与文学的才情和风雷激荡的时代滚滚向前。

而在 1949 年之后，他则逐渐和中心、主流拉开一定距离。1960 年，他已过不惑之年五载，便从全国文化艺术中心北京回到南方以南的广州工作，曾任暨南大学教授、中南局文艺处处长、《作品》主编、广东文联及作协副主席等职。仅仅用庸常的眼光来看，京穗两地平台大小、机遇多少之别显而易见，尤其对处于国家文艺管理重要地位之一的中年人萧殷先生来说，告别京城即意味着某些事业前景的牺牲。

对于这一人生空间转换的因由，著名作家肖复兴先生曾经这样解释：

这一举动，和当年艾芜相似，艾芜也是在这相近的年月里要求调回四川老家。这里自然有故土难离的乡情，也有远离那时京城文坛是非动荡之地的心曲。仅从这一点来看，我就对他充满敬意，因为并不是所有人都能做到这样明不规暗，直不辅曲，向往长闲有酒，一溪风月共清明的境界。文坛上，迎风躬逢和追名逐利之徒有的是。

（《佗城遇萧殷》，《人民日报》，2011 年 8 月 10 日，第 24 版）

在以飨乡思与撤离文坛江湖之外，萧先生还有其他思虑，那便是对时局动态、文艺生态、自我心态保持一种省思与警觉。他撰述了大量针砭文艺流习的评论文章，着力呵护并扶持更具创作可能性与未来性的年轻作家。毋庸讳言，萧殷先生的知识结构与评论实践是一定历史时期的产物，主要是在“无产阶级文艺”这一论域展开，如著名学者温儒敏先生所说“带有特定时代的某些局限”（《萧殷先生三大贡献》，《新文学评论》，2012 年第 4 期），并且，在相对逼仄的话语空间，他对文艺创作与文化生态的反思，只能采取恰当灵活的话语策略进行有限度的言说。但这丝毫没有掩饰、削弱萧殷先生评论的锐气与力量，反而这种“有限度的言说”更加凸显了文字与语境之间的张力，显示了他的文字的韧性、眼光的独立以及生命的现实感与责任感。

1949 年以后，萧殷先生出版文艺理论和文艺评论专著（专辑）有 12 本之多，所讨论或关涉的论题包括文学与生活、文学的现实性、创作与理论、创作与技巧、实践与独创性等问题。他思虑的核心，不妨用他一本书的名字加以概括，即《论生活、艺术和真实》（人民文学出版社，1980 年版）。“生活”与“真实”概念都是文艺理

1956 年萧殷在家乡龙川写作
供图 / 龙川县委宣传部

论史上的老问题，可以称作包蕴丰富、具有重要发端意义的元范畴，在社会主义语境中又衍生出更具统摄力、训导力的美学与政治意义，其所指涉的“现实主义”“反映论”“典型”等命题被推为至高无上的审美法则，进而演绎出波澜壮阔的话语交锋、文艺创作的文化图景。在这样的文化与政治格局中，萧殷先生更多的是扮演警觉者与祛魅者的角色，殚精竭虑呵护的是艺术的“真实”，是文艺家的创作力与想象力。

他不厌其烦地对文艺创作中的概念化、公式化倾向，对文艺家生搬硬套、机械图解政治话语的纷纭现象给予警示与拆解。早在 1956 年，他在上海与青年作家谈话时，就曾这样语重心长地表示：

作者没有很好地研究生活，熟悉生活，没有按照生活本身的逻辑去说明生活；而是匆匆忙忙地草率地以“想当然”的态度去对付丰富多彩的生活。结果，不仅生活的真理不能从生活的真实描写中体现出来，反而首先损害了生活的真实。

这些作者虽然在生活当中，在劳动与斗争的漩涡里面，但是由于他们不认真地深入地观察和研究生活，或者不善于站在正确的立场上去观察生活，结果，还不能说对生活是熟悉的；特别是从创作的角度来看，就更加不够了。

（《论思想性、真实性及其他——在上海青年宫和青年作家们的谈话》《论生活、艺术和真实》，第 123 页）

现在来看，萧殷先生念兹在兹的也许只是文艺创作中的常识性问题，但在庸俗社会学充斥、泛滥于文艺领域的时代，这样的常识恰恰具有思想的力量。

04

萧殷先生的文艺评论既呈现一种广博的气象，又以风格的开放性与亲和力著称，已经引起专业学者的重视与研究，成果不一而足。饶芃子先生就特别留意到萧先生极具个性的文艺评论风格：

敏锐、针对性强，是萧殷先生评论的一个特色。萧殷先生向来反对无目的的、脱离实际的“学院式”的文艺批评。他常说：理论的价值不在于多么深奥或者多么晦涩难懂，而在于它能够解决多少实际问题，对实践有多大的指导意义。不研究实际，从概念到概念，这种理论是没有生命的，是僵死的教条。他的评论文章都是从现实中来，是为了解决现实文艺运动、文艺思潮、文艺创作中的问题而写的。为了及时地发现问题，他很重视对现实的了解、现状的研究，他经常看阅大量的来稿，和许多爱好文学的青年保持联系，了解他们在文学道路上遇到的困难，关注文坛上的新人新作，研究一定时期有代表性的作品和评论，观察文艺的走向，掌握作家、评论家在思考、在探索的问题，进行分析归纳，找出其中的矛盾，然后有针对性地撰写评论。

（《萧殷文艺批评风格论》，《粤海风》，2017 年第 5 期）

萧殷先生的文艺评论讲究的是敞开的视野与鲜活的现实，在宏阔且又狂热的时代中，从前行者到逆行者，他要守护的无非是知识分子的本分，无非是文艺的常识与生命的常道，无非是从乡土中蕴生的那种自然而然的热情与奋争。他热衷于发现并扶持新人新作，远不止是一种菩萨心肠，同样是他对未来的无限期许，对心底那份文化理想的守望。

历史终究过去，而文字中的生命却可以是一种永恒。萧殷先生的文字，留存着踽踽独行的身影，硬朗且温热。

叶绿野：画如其名

01

依然清晰记得，那是 2012 年冬天的一个下午，在画家刘思东兄的带领下，叩响了叶绿野先生在广州美术学院的寓所房门。

当时，我在广州一家媒体工作，刚转入艺术领域的报道还不久，正着手做一个关于美术教育的专题，打算回溯美术史上的名家名师，撷取吉光片羽，为当下美育提供某些鉴照与启迪。在岭南讨论艺术的传承与人才的培育，一代宗师高剑父先生自然是绕不过去的人物。他是岭南画派的创建者，是艺术革新的倡导者与践行者，引领时代风潮，促动中国美术现代转型，功业无须赘言。其实，他在化育天下英才方面，同样居功至伟，他有一个春睡画院，从这里走出去的艺术家就包括关山月、黎雄才等人。我的一个设想是，通过其学生的回忆，来追述高剑父先生一些生动的场景与感性的片刻，从中发现不同寻常的人格力量。

但那时环顾画坛，时光风吹雨打之后，高先生的弟子大多归去道山，在世弟子并不好找。有人给我推荐叶绿野先生，说他是硕果仅存的高足之一。网上一查叶先生寿龄，已 91 岁。对他做采访，想必老人身体条件不太好吧，即便身体可以，记忆也许有所模糊。朋友见我有所迟疑，他赶紧说，叶先生硬朗得很，你去了便知道。于是，便预约了先生的时间。

叶先生打开了房门，着一件白色上衣，满头黑发，面色红润，实在想不到站在面前的竟是 91 岁高龄的老人。先生爽朗地笑着，走动灵便，把我们迎进客厅，招呼我们坐下。先生家里装饰简单，无甚特别之处，似乎他把心里所有的色彩与绚烂都赋予了画面，给生活留下的唯有简朴与清淡。

最让我好奇的，是先生讲起话来中气十足，声音铿锵，毫无虚软的气息。尤其是回忆起和恩师高剑父先生在一起的日子，情绪有所激动，但又精确有力。他就像一个雕刻师，将言辞敲击在时光上，最后映现在我们眼前的就是那些动人的、清晰的场景。

02

1946 年，他从家乡龙川考入广州的南中美术院，亲受高剑父先生的教诲。对于第一次见面的情景，他记得一清二楚。用它自己的话说便是：“第一次见心目中的艺术之神，一位名震中外的艺术大师，

1947 年 7 月，叶绿野与高剑父（左）合影　供图 / 张铁威

永志不忘。”

到了 9 月，马上就要开学，他还没有收到家里邮寄过来的学费与注册费，内心忐忑不安。有一天早上，索性自己先去学校瞧一瞧。穿过一个小门，他看见一个小池塘，两只白鹭游弋，池边姜花正在盛开，前方有一处六角亭，亭右侧有棵洋玉兰和两株紫荆花。就在这个幽静且又烂漫的院子里，他看见了一位六七十岁模样的老人左手托着下颌，凝视着池心，不一会儿又轻轻漫步于晨曦的美景之中。他暗自思量，这个身穿旧长衫的长者，应该就是高剑父先生。

他正在踌躇着要不要前去打招呼，高先生已转过头来，看到了他。他只好硬着头皮迎上去，说：“高院长早！”又深深地一鞠躬，简单地做了自我介绍。高先生上下打量着这个年轻人，又和蔼地让他在旁边坐下。一个从乡下出来的后生，又遇见了自己仰慕的老师，窘迫得红起脸来，不知说什么好。好在高先生幽默，几句话就打消了他内心的紧张。

两人开始聊起家常，叶先生向老师坦陈了自己拮据的家境。高先生看他一心向艺，就鼓励他说：“没钱注册不要紧，你不妨就直接参加学习吧。”叶先生一开始不敢相信，但看着恩师肯定的表情，心里才踏实了下来。

“我当时心里的甜啊，真是跟喝了蜜似的，就这样，我终生难忘的恩师高剑父接纳了我。”几十年之后，当叶先生提起和高剑父先生初次相遇，以及高先生许他免费入学的场景，一个老人禁不住用了孩子的语气来表达内心的欢愉。

后来，高剑父先生为了免除爱徒的后顾之忧，让他沉浸在学业之中，还给他勤工俭学的机会，让他兼职学校的出纳。

在叶绿野眼里，高剑父先生同时是一位严师，有他严苛的一面。

那是一个寒冷的冬天，北风呼呼直叫，大家在校园里难以安心学习，就干脆放松一下，让一个同学用弹弓打鸟煮消夜吃，还请来邻校的一个漂亮女生教他们跳交谊舞。送完女生回去之后，夜已经很深，大家都没有心思再做日课，就直接去睡觉。第二天早上，高剑父先生得知了大家昨晚偷懒，就破例没有外出，沉着脸，拿着“士的棍”在教室里踱来踱去，气氛阴郁。高剑父先生终于开口训斥了：“我今年已近 70 岁，我豁出命去教，你们就应该像打劫那样地学！不趁我健在学好画，来这里做什么？”

最后，他又语重心长地说：“人的一生有多少时间来做艺术？算你有 80 岁，除了幼稚的 20 年，剩下 60 年，有一半是夜晚，还要吃饭、应酬、谈恋爱、养孩子。人生有限，而艺术无涯啊。”从那之后，叶绿野先生将恩师的这番话时刻警醒自己，坚持拂晓四时即起床作画，几十年如一日，再也不敢懈怠。

艺术是一辈子的事情，就要用一辈子的心血去对待，一辈子的勤恳去耕耘。显而易见，这种纯粹的艺术精神，在当前艺术界已并不多见。

1949 年之后，叶绿野先生和关山月先生两位同门师兄弟，写信给在澳门的高剑父先生，请他为国家工作。1950 年夏，叶绿野收到了先生的回信，用铅笔写成，大意是：接山月和你的来信很高兴，因俗事缠身暂难成行，稍后确定返穗日期，当即相告，并望来穗相会。最终，高剑父再也没有回来。

这是高剑父先生留给叶绿野的一封信，一直保留到 1968 年的 9 月。

03

几十年的苍茫人生，凝聚在一个下午去讲，这对于听者来说，显然是很大的福分。我听起来意犹未尽，对那个时代的人格与艺格，对那种纯粹的师生情谊，总是敬仰不已。

1949 年 10 月，广州美术工作者留港协会于广州解放前夜在香港绘制毛主席巨幅画像，后此画挂在广州爱群大厦，从 11 楼垂挂至 2 楼。图片中一排左一廖冰兄、左三叶绿野、三排中关山月　供图 / 张铁威

那天的访谈，关于高剑父先生与叶绿野先生之间的交往，还有三件不得不提的事情：

其一，高剑父先生于20 世纪 40 年代末期发表的重要文献《七十自叙》，原稿即由高氏口述，叶绿野笔记整理而成。

其二，知子莫若父，知徒莫若师。高剑父先生认为他“笔性文静，行笔流畅淡雅”，希望他在花鸟画方面有所专长。这一期许奠定了叶绿野艺术生命的整体框架，即花鸟画家。

其三，叶绿野原名叶庆瑞，到了广州读书的时候，才改换了名字。而为他改名字的人，就是恩师高剑父，他从《牡丹亭》中拈出名句“雨后有人耕绿野”，取“绿野”二字称之。一个名字就是一生的胎记，叶先生对这个名字喜欢得不得了，再也没有改过。

讨论前辈的名字，多少有些大不敬。但当我听到这个名字的时候，确实觉得“叶绿野”三个字太美妙，禁不住反复回味起来。倘若将先生的名字拆解，那就是“叶”“绿”“野”三个字，都是郁郁葱葱的大自然的表征，给人无尽美好的遐想。我们常以“画如其人”这样的说法识人，却不曾料到竟然还可以“画如其名”。在叶先生身上，就是如此。我们去看叶先生的画面，分明就是一个生机勃勃的大自然，草木、鸟雀、花卉、瓜果，乃至翠山、流水、清风、明月，营造出一种绚烂且又清新、热烈且又恬淡、阔朗且又细腻、澄明且又淳朴的艺术世界。

在他笔下，万物生长，生灵自由，一切都是明媚、清澈的样子。而这种意境，恰恰就是“叶绿野”三个字的美学意蕴。识其名，再观其画，就是那么相得益彰。

和为他起名字的恩师高剑父先生相比，叶绿野先生的画面有承续的脉络，更有变动与不同。两人都怀抱对自然、生活与现实的敬畏之心，都服膺“外师造化”，都不屈从于固有观念与程式……叶绿野先生继承了“融汇古今、折中中西”的“新国画”理念，但在审美趣味与笔墨范式上，又拉开了距离。在画风上，高剑父先生更偏向于壮怀激烈与笔意跌宕，有他苍劲老辣的一面；而叶绿野先生更感兴趣的，则是生机盎然与生命蓬勃，是对自然的怜惜与对土地的挚爱。就描绘的生灵来说，高剑父先生笔下更多是虎啸狮鸣，而叶绿野先生笔下则是鸟雀的叽喳啾啭。高剑父先生的绘画像一部史诗，关涉着革命、救亡、启蒙等一系列的宏大主题，意境辽远深沉；而

枝头好鸟柳拂烟　叶绿野

叶绿野先生的绘画则像一首诗词小令，呈现的是小桥流水人家，关乎自然、家园、乡愁等美学意旨，风格清雅纯净。

学习老师，又不同于老师，我想，这就是师之为师的真正价值，也是学生真正学有创建的体现。齐白石说“学我者生，似我者死”，说的就是这个意思。

当然，上面关于两人审美意趣的分析，也仅仅是审美判断，绝非价值判断。

或许，高剑父先生在给自己的爱徒起名字，对他一生做出期许的时候，已经感触到自己的艺术人生过于艰难、劳累与疲惫，背负的东西太多，时代的浪潮打在自己身上，容不得逃离与退却。所以，他才会想着让自己的学生——那些延续自己艺术生命的人，尽量少一些“先天下之忧而忧”，多一些“后天下之乐而乐”；尽量少一些振臂一呼的时刻，多一些吟风弄月的片段；画面中尽量少一些炮火，而多一些自然。他给爱徒取名“叶绿野”，内心更深一层的意思，或许就是，不管时代是否允许，都尽量活得轻松一些、画得轻松一些，而非总是剑拔弩张，总是歇斯底里。

两人艺术风格相异，缘由不止一个，有语境与际遇层面的不同，有审美与文化价值观层面的不同，但我想，最根本的还是生命底色的不同。援引《二十四诗品》来说，高氏是雄浑、豪放与悲慨，而叶氏则是自然、清奇与疏野。

叶绿野生命底色的形成，起源于何时何地？我想，这应该要追溯到他的“叶庆瑞”时期，即他早年在家乡龙川的日子。

月映幽香　叶绿野

04

在几十年的艺术历程中，叶绿野多次重返家乡，那个在广东龙川县通衢镇一个叫才子村的地方。

通衢本意即四通八达、宽阔平坦的道路，通衢镇，顾名思义，便是交通要道了。此镇位于龙川县东南部，地处沟通赣南、粤东、闽西南等地方路线的要冲，北宋时期此地已设立“驿站”，有“路当闽广之冲，轮蹄释不绝于道”的相关记载。南宋诗人杨万里曾至通衢驿站，见到梅花盛开，便提笔作诗：

忙中捺眼雪枝斜，落片纷纷点玉沙。
虚过一冬妨底事，不曾款曲是梅花。
（《发通衢驿见梅有感》，载《龙川诗文》，第 24 页）

明嘉靖年间，就有一篇文献留了下来，对通衢的描述不可谓不精细，不可谓不用情：

通衢，京师通百越之咽喉，实粤、闽、赣、湘之枢纽，处南岭余脉之阳界，应鹑尾翼宿之分野。城池虽小，得天独厚，形势险要，巍巍乎极南疆诸塞之盛；依山傍水，赫赫哉为钟灵毓秀之乡……四面青山聚绿水，涓涓汇成罗经河，绕城而过，滔滔不舍昼夜，汩汩注入石磊口，如龙鸣狮吼，声震数县。罗经河两岸，百姓云集，村落相望。良田一马平川，稻麦一年三稔，诚岭表之粮仓也。仓廪实，坚城固，圣人作，出河舞，皇恩浩荡，国运恒昌，干戈化玉帛而蒸蒸，草木沐春风以欣欣。天下为公，世界大同，远在天边无从见，近在眼前通衢城……

（转自《龙川古道》，第 179 页）

现在，如果你去这个千年古镇，就会看到，城墙砖垣依稀，古宅俨然依旧，驿道卵石错嵌，青山绿水蜿蜒其中，颇有“古道边，芳草碧连天”的意蕴。

叶绿野先生所在的才子村，果然是一个才子辈出的小村子。仅仅叶姓一门，就诗礼传家、文风浓郁。叶家在当地是典型的大户人家，到了他父亲这一代，已经兴盛了五代。虽然家族有钱有势，但家风敦厚，从不骄横，所以在乡里颇得美名。叶先生的祖母有一年为龙川县衙捐赠的慈善金就有 4000 两白银，县府还奖励祖母一牌匾，上书“女中君子”。

仓廪实而知风雅，家底殷实了，文教就相对容易提升。叶绿野的大伯学问厚实，但又根本不屑于科考，虽不是秀才，但培养了多个秀才。他的父亲叶含华酷好文雅，藏书过千，曾担任私塾先生，“家有万金，不如一经”是他教导孩子的格言。很长一段时间里，父亲的书房，其实是叶绿野和二哥的卧室。日日与书为伴，所有藏书都成了至爱珍宝。古旧的线装书为了不让它沾灰尘，兄弟俩用大张纸将它包扎好；为了留出更大的空间，兄弟俩决定合睡一铺，用床板和竹子做成书架。层层叠叠的书干净地放在上面，随手可取。书房南面窗台下是一张宽阔的书台，毛笔和颜料依次摆放在上面，兄弟俩于是不知疲倦地练写、作文、绘画。这个龙川才子村小小的书

乡情悠悠　叶绿野

房，成为叶绿野文心萌发的最佳温床。

他的两个哥哥对文学艺术都很灵通，尤其是大哥，悟性最好，在广州市立美术学校读书的他，总能拿到各种绘画奖项。但也正是这样一个风流倜傥的哥哥，散钱阔绰，成为家道中落的直接原因。

除了两位兄长，叶绿野走上绘画之路还跟一位堂兄有关。堂兄毕业于刘海粟开办的上海新华艺专，毕业后在广东省立老隆师范学校教美术。叶绿野到这所学校念书，便是这位堂兄垫的学费；学校办图画比赛，叶绿野的画第一次拿奖，也是这位堂兄给他买的画纸和颜料。

在家境清寒之前，叶绿野度过了一段非常欢愉的童年时光。父亲重视对子女的教育，从不大声呵斥孩子半句，父子会在一起追逐玩耍，经常“没大没小”；母亲温柔贤淑，对父亲毕恭毕敬，对子女无微不至，家里始终充满了温暖和欢愉。用现在的话说，这是一个非常开明的家庭。父母和先辈的基业早已不复存在，留给孩子的则是一支无价的画笔和丰富的心灵。

虽然出身于书香世家，但叶绿野与一般农家孩子的兴趣喜好并没有什么太大不同，田园是共同的乐园。对此，他曾这样回忆：

我也照样下水摸鱼、上树掏鸟窝，照样帮母亲干农活，摘菜园里的瓜果。只是，可能因为大哥二哥都喜欢画画，自己也特别爱读诗书，于是对某些情景特别敏感。说实话，就在前几年完成的《杏花春雨江南》画作的时候，我脑海里浮现的仍是家乡的情景：我家宅子后面有一个我亲手搭建的“西园”，园子外面的水田如同巨大的明镜，春天农人耕作时，自然会翻刀：冬冻的土壤，因为土里有越冬的蛐蛐、蚯蚓、蟋蟀等虫子，一群群八哥便紧随其后觅食，那真是数不胜数的八哥呀，农人一呵斥，“哄”地惊飞，完全占满了视线。那时候看着天空的鸟儿，就恨不得自己也和它们一样自由自在……

（《丹青叶脉：叶绿野图传记》，第 14 页）

正是在乡土与自然中，叶绿野的天性得到了充分的滋养。现在，倘若我们细心解读他后来的作品，都会看到作品中的意象和乡土记忆的精神性关联。叶先生有一幅题为《稻香雀醉时》的作品，金黄色的稻草垛上落满了无数快活的鸟雀，就像一个关于田园生活的童话，其简洁、其神韵、其天趣，绝非凭空想象所能成。对此，叶先生这样解读这幅绘画：

《稻香雀醉时》有特别长的稻草秆，那是我们龙川客家人常种的一种稻子，秆和稻穗都超长，而且高产。微风吹过地里时波浪起伏，美丽极了。秋收的时候，农人把稻子脱了穗，扎成一捆捆堆在地里，你就会看到自然食物链中的下一环开始启动了，四面八方的鸟雀飞来觅食，这时候的鸟儿兴奋莫名，它们快活的叫声特别富于感染力，不一会儿，肚子吃得鼓鼓的，下一批禾雀又飞来了……这是我记忆中最真切的家乡生活场景。

（《丹青叶脉：叶绿野图传记》，第 13 页）

对于不少画家来说，画来画去，不过是在画一种乡愁。而我们之所以喜欢他们的画，一个原因便是感受到了画中柔软的乡愁，在画面中找到了回乡的路。

叶先生那个村子有一棵大榕树，他记得，小时候十个孩子都抱不过来，中间又大又空，且藤蔓交错，自然就成了他和伙伴们捉迷藏的好去处。每逢下雨天，村里人喜欢在榕树下躲雨；日头又毒又猛时，人们也在那儿围聚、说笑。在叶绿野老先生心里，最记得的要数树顶上的喜鹊窝了。每到黄昏百鸟归巢，他总喜欢一个人爬上高高的枝丫，远远地眺望暮色中的田野和山峦。那时候，他畅想远方的路，只知道外面的世界离自己很远很远。

几十年之后，当他从这条路回到故园，才发觉路上长满了萋萋芳草。纵然苍茫连天，也不能掩去一个人心中留下的印迹——在这条路上，走出了一个叫叶庆瑞的少年，一个叫叶绿野的画家。

05

2016年12月10日，暖阳在万物间跳跃，南国之冬是最舒适的季节。

这一天，叶绿野先生告别了这个世界，享年95岁。

他终究回到田园，回到清新澄明的境界。

他从龙川一路走来，惊起了无数生灵，唤醒了无数草木。他手上的画笔，将它们永久留在了历史的天空，留在了许多人的乡愁里。

客乡丰岁　叶绿野

叶绿野画语录

• 好马不跑千里，连牛都不如！

• 学习似“打劫”，惜时如“惜命”！

• 农人插秧，一步一退，直到退无可退之际，便是功德圆满之时。

• 贪字多点得个贫！

• 你整天心有戚戚，看我不顺眼，没关系，我请你吃饭。你老想让我死，看我笑话，没关系，我也请你吃饭。

• 用眼、用手画不好麻雀，要用心。我能分辨出小鸟清晨和黄昏时不同的叫声，饥饿时觅食的焦急、饱餐后的喜悦，我用麻雀心画麻雀，其实画得比麻雀更麻雀。

• 做人应该傻一点，学会宽容，我们何苦用别人的缺点来折磨自己！我的人生格言是，知足常乐，不足也乐！

• 人来地球走一遭，见面都是缘。不断地“放下”，相信“船到滩头水路开”，自然就会满心欢喜。我一欢喜，笔下的小鸟就会欢快地叫起来。

• 人不自绝天奈何 ?!

• 我出身是坎坷的，但不愿把身世带到画中。痛苦的回忆已经成为过去，何必再去回味？

• 我的假画都能卖不少钱，我的真画岂不更值钱？

陈建中：从龙川到巴黎

01

从 2011 年到 2019 年，一晃八年过去了。当我重新坐在陈建中先生在广州的寓所里，才真正发觉时光走得如此之快。在这八年里，有些事情默默变了，有些事情根本没有变。

比如，他的房子的颜色、沙发的颜色、衬衣的颜色，依然都是素净的白，就如还没有动过笔的画板，给人沉静，让人无限遐想。孔子讲“绘事后素”，我想，陈先生是深谙此理的。素心朝天，似乎总该就是艺术家的样子。

“陈先生，我们上次见面还是八年前的事情。”

“有八年了吗？也许吧。”

“真的是八年，感觉就像在昨天。”那个时候，先生刚回广州居住不久，冬春季节回国，夏秋则在巴黎；现在，先生已过八轶春秋，开始将更多时间留给国内。那个时候，我刚在报社做艺术与收藏板块的工作，对艺术尚且懵懵懂懂；现在，离开报社已经有四年之久。

“我还是画我的那些画，心事都在画里，对时间的感觉就没有那么明显了。”在艺术家的眼里，时间总是过得特别慢。也许是因为他在那些清寂的景象里待得太久了、画得太多了，以至不再熟悉外面的光阴。破门、残窗、败壁、旧锁、生锈的扶梯和水管、路边的小草、栏杆里的绿荫，这些被人遗忘的角落已经承载太多岁月和历史的记忆，艺术家凝视久了，心境好像也回到了最朴素、最单纯、最安详的层面。

他那宽敞的画室里，冬日的暖阳倾倒在地板上，画架上放置着一幅即将完成的作品，一眼望见山区风景，河滩、绿林、山霭、民居，静穆中氤氲着活泼的气息、具象里透着言不尽意的东方情调。画架旁是一个简单的 CD 架，上面整齐地放着马勒、德彪西、莫扎特等人的专辑，还包括几碟中华民歌。另一边的书架上排列着大部头的《宋画全集》与《元画全集》，上面挂着一幅黄宾虹的山水画，俨然是浑厚华滋的样式。

“陈先生，貌似您对中国本土的东西越来越感兴趣了，比如乡土、乡音、乡情。”我突然在陈先生的画面中，感觉到一种巨大的情感力量，这个力量可以称作乡愁。

“越老越想回到自己出生、长大的地方，越发觉得故乡总是那么亲切、那么动人，就情不自禁地去画，去想象。”陈先生的眼睛凝视着画面，仿佛那里面就是一个极乐世界，是最令人神往的地方。

于是，我们的谈话，就从故乡开始，从风景如画的龙川开始。

陈建中画室　摄影 / 韩帮文

02

陈先生在广州、香港、巴黎等著名城市久居过，但凝聚他最多情思的却是粤东北龙川县的一个小镇，那个小镇叫通衢，一个寓意四通八达的地方。在历史上，“通衢”也的的确确“通衢”，是北方人南下岭南的重要驿站，宋代的李纲、杨万里，这些遭遇贬官的倒霉文人，就曾路过这里，且留下了美好的诗篇。

而到了陈先生出生的年代，一切际遇却并不那么美好。

1938 年，日军登陆大亚湾，广州、汕头渐次沦陷，华南大片疆土惨遭蹂躏。那时，一对年轻夫妇挤在香港一个狭窄破旧的房子里，男子在一所小学教书，艰难维系全家的生计，女子则已经怀上了小孩。男子总觉得时局不稳，战火会延烧到香港，出于全家安全的考虑，让女子匆匆赶回老家龙川通衢，在那里生产、哺育孩子。到了1939 年 3 月的一天，几声脆亮的啼哭划破了山区的宁静，一个小男孩来到这个世界。新生的小男孩，就是陈建中。

他出生的地方属于客家山区，居所是典型的半圆形围龙屋，一个大家族都住在里面，后面是排屋和围屋，前面是一块长方形的晒稻场，再往前则是一个半月形的水塘。陈建中至今记得，许多童年美好的记忆都凝聚在这个颇有地域特色的建筑里。那个时候，他这个家族的生活比较贫困，一大家子人都靠耕田维持生计，几乎家里的成年人都要下田干农活，唯独他的母亲和另一近门婶子不需要，因为她们出身城里，从未干过农活，就在家里做一些相对轻松的家务。一开始，陈建中就在母亲身边，听她讲故事、唱歌谣，等他大了一些，就在广阔的田野找到了广阔的乐趣。和小伙伴下水捉鱼，去田地里奔跑，在晒稻场上玩游戏……那些久远的画面，陈建中记得清清楚楚。

而那些画面中的人，都已和时光一起变老了，或者跟着风走了。

关于童年，陈建中记忆中最真切的一个人，是他的祖母。祖父早逝，上面曾祖父母都还在，下面则有孩子们张嘴吃饭，一个大家庭里里外外都需要她来打理，一个能干、权威且又慈祥的形象就落在了幼小陈建中的眼里。虽然也已上了年纪，但祖母还要身先士卒去田地里做农活，耕田、收割、施肥，样样都是行家。等年龄稍大一些，陈建中就跟在祖母后面下田地，清润的稻香、丰实的瓜果、动听的虫鸣，连同远山如黛、蓝天似海，构成了童年美妙的乐园。

幼年陈建中与父母、祖母合影

劳累了一晌午，祖母会在树荫下停歇一会儿，用粗涩的毛巾擦着汗，看着自己的孙子，正像庄稼一样欢快地成长，脸上禁不住露出微笑。也会望向连绵的土地与无垠的天空，感叹“上天什么时候可以不让我们那么穷”。在祖母的叹息声与轻柔的风声中，在树荫下、在田野中、在田地间，陈建中感受到了无边无际的静穆、寂寥与空灵。70 多年之后，他仍然记得，故园就是安静的感觉。

陈建中特别深爱他的祖母，印象中祖母的一切都无法磨灭。1997 年，陈建中在香港举办了一次作品义卖展，展出的 20 余幅作品所筹集的资金为中国贫困地区兴建了 12 所小型医院，其中一所由他自主命名的医院，即用了他的祖母的姓名冠名，即在家乡龙川的“黄龙妹医院”。另外，他还特意跟随主办方回到龙川为医院选址。

正是在美好的乡村风景与田园情调中，陈建中萌发了最初的艺术的种子。在幼年的时候，他就表现出和其他小伙伴不同的性格与嗜好。没有任何人诱导，更没有任何人教，但他不知不觉喜欢上后来才知道叫作“绘画”的事情。

他喜爱拿起棍棒、瓦片与砖头，在地面上安静地画来画去，倘若能找到一支炭笔、一张白纸，那就是莫大的欣喜，他会反反复复地画，直到画满、画黑。至于画的是什么，他人不能真正看得清，他自己也难以完全知道，也许是一个南瓜、一粒花生、一只小鸟，也许是一片天空、一块石头、一条小河，也许是祖母脸上的沧桑、母亲的一抹微笑——也许什么都不是，只是一个想法、一个梦。

许多年之后，当陈建中坐在我面前，回忆起相距不到千里的家乡时，他这样平静地说：“那里的风景是我对于美的最初印象，对我的绘画有着最原始的影响。”这种生命原乡的原始驱动力，在几十年的艺术人生中，陈建中越来越真切地感触到，如此绵延不绝，且又浑厚有力。

03

过了 1945 年，日军投降之后，香港又恢复到安稳。陈建中就此告别龙川通衢，和母亲一起赴港和父亲团聚。一年之后，一家人又回到广州安居。由此，读书、学艺、出国，不断转换人生的主题，不断到达生命的码头，离童年的那个梦越来越近，离诞生那个梦的地方却越来越远。

1955 年，陈建中考取武汉中南美专附中；1959 年考入广州美术学院油画系；1962 年 4 月至 1969 年移居香港；1969 年 9 月，陈建中来到巴黎，1970 年进入巴黎国立美术学院学习。在巴黎，他经过一段时期的探索和尝试，终于选择了符合自己性格和喜好的写实主义绘画。在风潮激荡、如万花筒般热闹纷纭的法国艺术界，抽象艺术大行其道，但陈建中不为外界所动，而是聆听内心最深处的声音，那个声音清晰地告诉他，要坚持自己的艺术趣味，要忠于自己体验与感受世界的方式，要持守朴素、纯粹的艺术观。

在喧闹且又陌生的世界中，陈建中显得那么孤独和弱小，然而又是那么倔强和深沉。他一开始在艺术创作中采用了一种“边缘”

立场，专注描绘城市中不为人所注意的物象。他默默地画巴黎街巷的破门、残窗、败壁、生锈的扶梯和水管、路边的小草、栏杆里的绿荫，这些被人遗忘的角落可以窥见其当时孤寂且沉静的心境。为此，著名作家冯骥才先生评价他的画“从平凡至极中看到神奇”，画面“具有心灵的意义，让我们从光怪陆离的现实世界离开，回归到生活最朴素、最单纯的层面”。从精神上，他发现了一个世界；从艺术上，他则创造了一个世界。对于这一连续的创作题材，评论界常以“城市局部系列”视之，极具艺术辨识度。

1985 年后，他又开始“颠覆”自己，放弃了驾轻就熟的“城市局部系列”，转而投入更具有传统古典美的乡野风景画。法国著名评论家阿兰 · 儒弗瓦 (Alain Jouffroy) 说这无异于冒险，看过画，不得不由衷地赞叹他的勇气和才气。他的风景画虽仍采取具象的表现方法，但已不再沿用精雕细刻，而出现了阔笔触、团块结构等相对粗放的艺术语言。远观其风景，层层叠叠、郁郁葱葱，一派蓊郁气象；近观则又惊叹其精巧的匠心与深切的情思。比如，树的枝叶呈现明暗分明的块面结构，仿佛由光线这把鬼斧神工的雕刻刀雕造而成，又好像是由画家对树木的符号进行提炼之后重构的结果，具有象征与概括的意味。

从城市到乡野，从局部的物象到开阔的风景，陈建中先生虽然凝视的对象发生了转换，但凝视的方法以及凝神的心境一以贯之，即静观自得。正如他自己所言：“无论画什么题材，我都会在画中追求静穆的境界。”这一静穆的境界唤醒了每一位观者被遗忘的心灵空间，这空间纯净且辽阔，一望无际。

我犹记得冯骥才先生记述的遇见陈先生画面时那种怦然心动的感觉：

好像进入了一个奇异的世界，这里没有人，却有生活；既陌生又熟悉，既遥远又近切；没动态的事物，一切全都静止；万籁无声，连微微的风声也没有。一缕一缕阳光，皎白的晨光或金红的夕阳，从这里或那里照进来……然后是影子。这使我想起自己写过的一句话：

陪伴光的总是它的影子。

这是我在20世纪初毕加索的故居——巴黎蒙马特山上那个著名的画家聚集地——洗衣船画室中，第一次看到陈建中作品时的感受。这感受如同一张无形的过滤网，从上到下，把我整个身体与内心全都除尘和净化了。我感受到画家一种震动人心的非凡气质。

（《陈建中画集》，第39页）

他非凡的笔力在于，总是能在庸常中发现怦然心动的力量，总是能在静穆中照见生机勃勃的意念世界。不知为何，看到他的绘画，我总是能不经意间想到卞之琳先生的《断章》，他那些“致广大、尽精微”的断片，难道不就是诗意弥漫的断章、不就是让我们神往不已的风景？只不过，“装饰”过于有些人工的意味罢了。

你站在桥上看风景，
看风景的人在楼上看你。
明月装饰了你的窗子，
你装饰了别人的梦。

窗外　陈建中

04

从20世纪70年代开始，陈建中绘画获得了法国政府的支持和赞助，以及法国重要画廊和艺术机构、美术馆的认可和推崇，从此跻身于法国主流艺术家之列，在艺术之都巴黎牢牢地站稳脚跟，并且得到了众多著名艺术评论家的认可和赞赏，被认为是“崛起于巴黎艺坛的中国人”“赵无极的接棒人”“最能激发起巴黎观众和外国画廊兴趣的一个人”。

迄今为止，陈建中的艺术展览行迹遍及全球，曾在法国、日本、瑞士、荷兰、西班牙、奥地利、哥伦比亚、意大利、美国、中国等多个国家，以及中国港澳台等多个地区做过个展和群展，与世界顶级艺术机构、艺术家展开对话，享有颇高知名度。

正如国际艺术评论家协会（AICA）主席雅克·莱那特 (Jacques Leendardt) 所言：“陈建中是一个‘中介者’，是置身于交界处的画家。在他的思想、情感和艺术中，东方与西方、传统与现代、油画与中国绘画、绘画与诗歌互相碰撞，彼此交融。”在当代艺术界，陈建中已经不只是一个艺术家，而是一种高度风格化的艺术符号、一种连接东西方文化艺术的中介，乃至一种文艺现象。关于陈建中先生艺术创作的风格与精义，近百位中外艺术评论家已经有过讨论。

对于绘画的意涵与妙趣，总是以为专业之外的诗人、作家参悟更多、更深，他们的文字往往更能抓取艺术家内心的絮语与画面的灵光，也往往更为意味深长。且相比于专业评论家理论术语的铺排与学理逻辑的演绎，诗人、作家的文风也许更为生动可人。上面提

1981 年，著名画家赵无极（右）参观陈建中画展

到的冯骥才先生对陈建中先生艺术的感悟闪烁着诗性的光芒，著名诗人、学者叶维廉先生对陈建中先生艺术的发现也同样尤为难得：

我们中国人常常说“悲天悯人”，我们很少讲“悲天悯物”。在这个层次上，陈建中是接近道家的“齐物”与“化”的观念的。就是因为有了这样的思域，他虽然主观地投入，但也同时能保持物象客观的本来面目。

因为“悲天悯物”，他要慢下来沉入事物里，慢慢地凝注。看他的画，觉得里面有很大的“耐心”，好像一切要慢慢地生长、形成。这点和罗斯科（Rothko）的情形有些相似，虽然罗斯科画的是抽象画。气质和方法上，他们两人的画给人的感觉都是“一瞬间”的扩大（延长），让我们进入那仿佛是空间化的一瞬里，来来回回地缓慢遨游。画面是空间的延展，感觉是时间的缓慢。陈建中的画要求观者马上静下来、慢下来，甚至停下来，在画像里行而复止、止而复行地看，冥思静听。

（《陈建中画集》，第 354 页）

对于陈建中先生画面里静穆的气息，叶先生追根溯源，提到了庄子的“齐物”思想。这是一种文化脉络的回溯，是陈先生浸染东方哲学与艺术精神水到渠成的结果。事实上，陈先生对中国古代绘画青睐有加，他的书架上整齐排列的《宋画全集》与《元画全集》，即一明证。对于中国古典绘画的精神底色，著名美学家徐复观先生说得清清楚楚，即：“庄子所追求的道，与艺术家所呈现出的最高艺术精神，在本质上是完全相同。”坦白说，我尚未留意到，在陈先生的私人阅读史里，老庄著作到底占了怎样的分量。但从画面上可以解读出，对中国古典绘画的艺术精神与道家哲学，他是心领神会的。

倘若回到陈建中先生的生命脉络去寻解其艺术生成的逻辑，那么最初的人生记忆将是绝不可缺失的质素，甚至可以说是一种绵密的艺术原动力与支撑力。他的生命诞生在龙川那片古老厚重的土地之上，一派田园气息，人们过着自足、恬静、质朴的生活。村外的青山沉默不言，村前的河水缓缓流过，软软的绿草在里面浮动，村前绿油油的稻田里有暖风吹过。陈建中沉静的心性与静穆的艺格，在故土、在童年，便已萌发。

在他以后的艺术征途中，他紧随自己的梦想探索各种可能性，又不断遭遇各种各样的冲突，比如自我心性与艺术环境的冲突、自我观念与艺术惯性的冲突，而最终，每遇冲突、每临困境，他都可

粤东山村之二　陈建中

以一一化解。他对我说，内心总是有一个声音在叮嘱他，要往纯净走、往厚朴走、往静穆走、往真实走，但是，他不知道这个声音来自哪里，那么细柔，却又那么有力量。尤其是在他从“城市局部系列”转向“乡野风景系列”的时候，他说，这个声音变得愈加阔朗，他没得选择，也不必选择，跟着内心的声音走便是。

后来，他终于明白了，发出这个声音的地方叫故乡。是故乡的绿、故乡的安静、故乡的人与物，给了他恰到好处的叮咛与抚慰。故乡在支撑他，又在呼唤他，他自然也要回去。

行文至此，我禁不住想起了川端康成写给东山魁夷的几句话：“自然和画家美好而幸福的邂逅，真可谓一期一会……故乡是巡礼的起点、遍历的归结。在艺术家一生的旅程中，随时随地都可能找到故乡。”

05

就在广州拜访陈建中先生之后的半个月左右，我和他竟在他的故乡龙川不期而遇。

深冬时节，我和几个朋友驱车赶往龙川采风，第一站便去了最有历史底蕴的佗城。午后到了当地的文化站，在大堂里看到陈建中先生，随行的有他的太太娓妮、龙川籍艺术家叶东风先生。我们原说好一起到他的故里采风，但实在没有想到那么快就在这里相遇，

春风（通衢风景） 陈建中

且不约而同，着实让人惊喜。

和陈先生闲谈起来，得知他这次来是做一个准备，接下来要重游故里，在生命最初的地方集中创作一批龙川题材的作品。看着年过八旬的老人坚毅与期待的眼神，就知道他已经决定将晚年的热情倾注到这里。完全可以预见，温热的土地将给他带来新的艺术灵感，家乡的风景将为他的艺术做最终的提纯与升华。

夕阳西下之时，陈先生说要在佗城的小巷与田间走一走。看着先生的背影逐渐消隐在斜阳里，顿时觉得游子归来才是世间最动人的风景。

第二天，陈先生一行要去生他养他的通衢镇，我因有其他安排未能一同前行。一路陪伴的叶东风先生给我发了几张图片，是陈先生重回旧居、遇见童年玩伴的场景。都已是耄耋老人，岁月不经意间呼啸而去，最难忘的也许就是故地旧情。

陆

情韵

胸脯不挺背会驼，大路不行草成窝，
钢刀不磨黄锈起，山歌不唱愁闷多！

——龙川客家山歌

雷蒙·威廉斯在《文化与社会》中，对“文化”一词的生成与源流进行了考辨，提出“文化是一种整体性的生活方式”的命题。

诚哉斯言。文化的意义恰恰就蕴藏在丰富、生动、细密的生活方式当中。有什么样的文化，就形成什么样的生活方式；有什么样的生活方式，就表征什么样的文化。

对于龙川乃至整个广东的文化形态与文化观念的理解，除了诉诸文字与图像，还可以走进独特且又鲜活的生活场景中去，在生活风格与习性中体验并感知文化的常道。甚至在某些时候，后者获得的感思还要更为真切、深刻。在龙川行走，细细品赏在这里的生活，感官会有别样的体验与惊异的发现，思绪也会飘向古老的时间里。

小城故事多。生活中悲喜的故事、细碎的日常，连同道路、祠堂、味道、山歌、光影，之所以让人流连忘返，也许背后隐藏了太多怦然心动的时刻，积郁了太多历史的情绪。

说起历史，未免太沉重。仅仅青山绿水之间慢悠悠的生活风景，活脱脱的生命情韵，想必也足以惹起足迹的更多想象了。

骆氏宗祠斑驳的墙壁映着湛蓝的天空　摄影 / 夏世焱

夕阳下祠堂的影子

01

那个下午，到了龙川佗城镇街，最直接的观感，便是一座座的宗祠夹杂在大街小巷。

最主要的街道名为“百岁街”，一个颇有岁月感的通俗的名字，不知从什么时候开始叫起，倒是和这个古老小镇的历史气质很贴切。街道两边，最显眼的建筑要数各种样式、各种姓氏的宗祠。

张氏宗祠坐西向东，建筑宏伟气派，雕饰工艺精美。这座宗祠占地面积有1000多平方米，砖木结构，三进格局，有两大天井，共计12个房间。大门框用花岗岩砌成，配有雕花石墩，前中栋均有石柱托大梁，石柱基座雕琢精美，大梁上配有漆金雕刻图案。在整个空间中，木雕、石雕、彩绘、壁画相得益彰，营造出富丽堂皇的气息。

宗祠必有堂号，往往以反映祖先居住或宗族发祥之地命名，故

龙川佗城骆氏宗祠　摄影 / 夏世焱

各姓堂号大都不同。堂号必配有堂联，且上下联中会分别有“世泽”“家声”之类专用词语。张氏宗祠的大门上额刻有“清河堂”三个大字，堂联则写着“清河世泽，万选家声”。由此来看，此地张姓源于清河。

张姓是中国的大姓，得姓年代可以追溯到原始社会的新石器时期，距今已有约 5000 年的历史；得姓之地有多种说法，河北清河之说一直居于主流。清河张氏是古代著名的名门大族，历来名人辈出。从北方遥远的地方，张氏一脉流转到广东的龙川，在这里开枝散叶，本地人不忘认祖追远，用一座宗祠来安顿自己的文化血脉。

当地政府办公人员告诉我，张氏宗祠建于清代康乾盛世，后来几经修缮，现在是整个小镇规模最大、工艺最精良的宗祠之一。

隔壁的黄氏大宗祠既有客家传统建筑韵味，又有西式建筑痕迹，是少有的中西合璧风格。再往前走，就可以看见曾氏宗祠，建造工艺精湛，是当地较有名气的宗祠之一。大门上方石额书刻“宗圣公祠”，意指曾氏族人的开山祖宗。曾子本名曾参，为春秋末年的著名思想家，孔子晚年弟子之一、儒家学派的重要代表人物。在《论语》中，曾子说：“慎终追远，民德归厚矣。”颇有意思的是，在时隔 2000 多年的今天，在遥远的岭南，他的后代依然谨记着自己的格言。所谓斯文不坠，大抵如斯。

曾氏宗祠前面，坐着几位老人，正在冬日暖阳下说着话。现在小镇的不少年轻人都在外闯荡，上了岁数的人多还在这里生活，守着宗祠，守着年轻人回家的路。

拐进一条小巷，往深里走去，当地另一知名的宗祠——骆氏宗祠，映现在眼前。从外面看，宗祠朴实无华，门口右侧挂着的一块铭牌，标示着它是“河源市第一批受保护古建筑”。铭牌下面有一段关于宗祠的介绍，彰显着一个大家族的荣耀：

骆家宗祠建于清乾隆二十一年（1756），坐东向西，占地面积818平方米，是一座以砖木结构为主、配以石柱托梁的大型古建筑。祠堂分上中下三栋，下有三厅四廊一门楼，厅堂两侧设有六间客房，专供祭祖族人居住。祠中屏风、梁柱、檐角造工精致，雕刻入微，令人叹为观止，惜于“文革”时多处被损毁。骆氏宗祠是龙（川）和（平）两县骆氏的总祠，旧时族中大事多在这里举行。唐宋以来，骆氏名人极多。计有举人2人、秀才2人，元朝大臣1人，大夫2人、拔贡1人、恩贡1人……此祠是佗城现存比较完好的宗祠。

穿过大门，走进祠堂内部，才发觉这座建筑果然别有洞天。虽然200多年的光阴已经磨掉了不少建筑的风致，但依然风韵犹存，从黯淡的图纹里便可看出旧有的光彩。一对堂联写有“内黄世泽，江国家声”，道出了龙川骆氏的来处。上联典出骆氏郡望内黄；下联典指唐朝时期的骆奉先，累封江国公。早在春秋战国时代，骆氏已是中原的巨宗大族，称王内黄，十分显赫。此后至隋唐，骆姓在今河南之洛阳、内黄等地繁衍迅猛，族大人众，成为妇孺皆知的著姓之一。宋元两代，称盛于江浙一带的骆姓，播迁到今福建、广东，待成为闽粤两地的较大家族后，又逐渐播迁云贵等地。骆姓早已广布天下，然而“内黄世泽”却能一直留在他们的记忆之中，成为其寻根的重要依据。

当地文献显示，佗城曾建有 89 座祠堂，保存至今的有 48 座，其中镇街内有 36 座。现存的祠堂大都建于清代，有着两三百年的历史。祠堂是同族同姓人崇祖观念的凝结点，往往一个村落才有一座或几座祠堂，而佗城镇街竟集聚了 36 座祠堂。从粤西到粤东，从南岭山下到南海之滨，从广府到潮汕、客家区域，像佗城这样一地集聚如此多的祠堂，却并不多见。此地乃岭南文化发祥地之一、广东客家古邑，果然名不虚传。

同样让我想不到的是，佗城总面积不过 218 平方公里，总人口约有 45 万人，而统计在册的姓氏则多达 179 个。

对于我这样的北方人来说，在一个地方看到如此多的宗祠，内心的感受恐怕只能用“震惊”二字才可描述。要知道，在我所生长的鲁西南地区，虽为儒家文化的发源地，但在我的印象里，宗祠却已非常稀少，甚至清明节祭祖的风俗也已淡薄许多。而在遥远的南方以南的一个山区小镇里，竟然聚合了 30 多座宗祠，这里的人对宗族血脉与文化记忆依然保持着执念，这里的生活依然氤氲着虔敬的仪式感与悠远的古风，着实让人惊奇不已。

对于宗族文化的承续，对于血脉之根的守护，南北方之间到底哪个做得更好一些？在佗城的祠堂里，看着诸种姓氏祖宗的牌位与梁柱上的花纹，以及各类文气充盈的楹联，我禁不住对“北方文化深厚”诸如此类的固有观念，产生了几许怀疑。文化的中心地带，对文化传统的守望就一定是最坚定、最持久的吗？未必。

02

《礼记》里有言:“万物本乎天，人本乎祖。”宗祠便是致敬祖先的地方。祠堂里面供奉着祖先牌位，后人在这里祭祀，这里成为宗族文化的载体，亦是一种宗族象征。

所以，要想深入理解中国的祠堂文化，就得先去弄懂中国的宗族文化。何谓中国宗族文化，抑或何谓中国社会的宗族属性?大学者梁漱溟先生在《中国文化要义》中说得很清楚，即“以伦理为本位”“以伦理组织社会”“以道德代宗教”。说白了，就是“讲礼”。

宗祠的历史相当久远，在宗族文化蕴育的同时，便有了宗祠。孔子去世后，他的学生们在墓旁搭盖一个简易的小屋居住，以守护恩师魂灵。学生们守了3年之后，大多散去，唯有子贡在小屋里又多居住了3年。这个温情脉脉的小屋叫作“庐墓”，即祠堂的早期形式。

作为概念的祠堂，则出现于汉代。但在古代很长一段时期里，祠堂可不是平常人家随随便便建造的，而是有严苛的门槛规定的。名宦巨贾、豪门望族可以建造祠堂，平民百姓则只能在自己的居室中祭祀祖先。

大理学家朱熹在《家礼》中曾规定:“君子将营宫室，先立祠堂于正寝之东，为四龛，以奉先世神主。”他认为，祠堂是后代表达“报本反始之心，尊祖敬宗之意”的方式，“实有家礼名分之守，所以开业传世之本”。倘若祠堂遭受了危险，“或有水盗，则先救祠堂，迁神主遗书，次及祭品，后及家财”。在朱熹眼里，祠堂高于世俗生活的一切，为家族命运之所系，具有神圣不可侵犯的地位。虽然那时修建祠堂仍有等级之分，但他的这一言说为后来民间祠堂的涌现提供了理论依据。

到了明代嘉靖年间，官方正式允许民间建造祠堂，“庶人无庙”的规矩寿终正寝。延及清代，宗祠修建迎来了高峰，中华大地由此祠堂遍立。龙川佗城的祠堂群，基本上都是在清代康熙年间建立的。

作为农耕文明与宗法制度的产物，祠堂首要的，也是根本的功能便是建立并凝聚宗族血脉共同体：溯源流、知根本，明世系、述宗风，敦亲情、扬先德，振家声、启后昆，轨正史、开新纪，诸如此类。但同样是在清代，宗祠在这些基础上又多了一个功能。

虽然满族人赢得了天下，但对汉人正统文化还算心怀崇敬，在国家治理架构中沿袭了历朝历代的许多做法，甚至某些方面还加大了砝码。尤其是康熙帝，他继位后，把孔孟乃至程朱理学作为统治全国的官方正统思想加以推崇，并进一步系统化、世俗化。1670 年，他向全国颁布“上谕十六条”，系统地阐述了他的乡教思想与宗族制度：

敦孝弟以重人伦，笃宗族以昭雍睦，和乡党以息争讼，重农桑以足衣食，尚节俭以惜财用，隆学校以端士习，黜异端以崇正学，讲法律以儆愚顽，明礼让以厚民俗，务本业以定民志，训子弟以禁非为，息诬告以全善良，诫匿逃以免株连，完钱粮以省催科，联保甲以弭盗贼，解仇忿以重身命。

龙川佗城黄氏大宗祠　摄影 / 夏世焱

实际上，他扩容了宗族的内涵与职责，将宗族以外的国家事务涵盖其中；或者说，他把宗族认定为国家管理体制中的基础单位，宗族被赋予了类似地方自治的功能。在这其中，祠堂便是地方社会治理的重要空间——用今天的话说，祠堂具有行政中枢的性质。所以，祠堂的功能绝非仅仅局限于家族祭祀，还有政治任务。

这就像陈忠实先生的《白鹿原》所记述的那样，祠堂是神秘之所、权威之地、政治之枢。小说中写道："祠堂和村庄的历史一样悠久，却没有任何竹册片纸的典籍保存下来。"祠堂里藏着太多秘密，大家都搞不清祠堂建于何时、由何人建造而成。白嘉轩继任族长后，做的第一件大事就是翻修祠堂。他的一生都在经营着祠堂，他的心灵史、白鹿原的变迁史，乃至小说扉页所提及的"民族秘史"，其实也是一部祠堂史。在小说中，祠堂既是祭拜祖宗的神圣之地，也是族人公开裁决村中事务的最重要场所。白鹿村但凡有重大事情，必将年满 16 岁的村民集合于祠堂之中，俨然就是村里的"政治活动中心"。

03

当然，在乡土中国里，宗祠的职能并不局限于宗祠祭祀与乡村治理。对于乡人来说，它是除住宅之外最重要的生活、文化与艺术空间。

只要在佗城的祠堂群里走一走、看一看，就会看到祠堂文化意

骆氏宗祠内部木雕图案　摄影 / 夏世焱

蕴的流光溢彩。在这里，祠堂往往是规模最宏伟、装饰最华丽的建筑，不但巍峨壮观，而且注入传统文化的精华，与古塔、古桥、古庙宇相映，成为当地一大独特的人文景观。

祠堂选址特别注重风水，结构通常采用传统文化中“天圆地方”的概念，空间围绕着中轴线左右对称布局，合围成一个四面封闭的院落。祠堂内随处可见的各式楹联、匾额，则标示着斯文在兹。

祠堂建筑本身就具有很强的艺术性。从地板、墙面到房梁、屋架，不厌其烦地采用木雕、砖雕、灰雕等艺术装饰，工艺之精致、构造之豪华，让人叹为观止。有些祠堂从里到外、从上到下，都以雕刻或彩绘的方式，呈现出人物、花草、动物、山水的吉祥图案，以显示不同的文化寓意与生活期望。比如，莲花意味着族人做官要清廉，松鹿代表高官厚禄，老竹与嫩芽寓意后代子孙兴旺发达，牡丹象征富贵平安。

所以，不管从整体还是从局部看，祠堂都是一种艺术品，是中国工艺美学与民间文化创造的集大成者。在过去，我们称祠堂是一个村落或者一个宗族的文化与艺术中心，并不为过；而现在，我们之所以游逛祠堂，多半也是为了领略文化与艺术的魅力。雕梁画栋都在，虽然朱颜已改，但文化的底色最终还是承受住了历史的疾风骤雨，反而更显得夺目。那些褪色的图画，那些图画上的草虫、飞鸟、动物，安安静静地挂在墙体上、屋顶上、窗棂上，就像安详地躺在时间的河边一样，兴许累了、倦了。在空落的祠堂里，我慢慢走近它们，又生怕打扰。

至于说祠堂是乡人的生活中心，那也绝非戏言。婚丧嫁娶、文娱演艺，乃至孩童的知识教育，多半会集中到祠堂里举办。春节到了，要一起祭祖，还要搭个戏台、看个热闹，短则三五天，长则十多天；元宵节时，花灯展又会如期登场；到了清明，在外闯荡的男子又会回来，给祖上添一炷清香。而在平时，上了岁数的人聚在这里，说起家长里短，或者打个牌、下个棋，总算有个乐子。倘若谁家的娃有幸金榜题名，都要在这里摆上几桌；谁家又不幸落难，会跪在祖宗面前倾诉一番，再求个转机，大家伙也会在这里合计帮扶的主意。

按此来说，祠堂岂不是乡里悲欢苦乐的容器与集体情绪的结点？家宅与祠堂恰恰构成了乡村生活的两极，一个关乎个体肉身，一个维系集体精神；一个指涉私人生活，一个则统领公共事务。家里是锅碗瓢盆、油盐酱醋，这里则是酒茶艺文，周转的是传统中国人的常理、常道与常情。这里可以最神圣，也可以最世俗，人们进进出出、来来去去，无非图个平安和睦，无非想让生活多一些踏实与温暖。

所以，对于从佗城、从千万个乡村走出来的人来说，他的心里一定装着两个处所，一个是家，一个便是祠堂。

04

南北皆有祠堂，而祠堂数量与形制大有不同。在《宗祠》这本书里，对于南北之别说得很清楚：

南方盛而丽，但北方则既少又简陋。这大约是因为，一来北方农村远不如南方富有，以致文化水平也落后；二来北方历代多战乱，亲人离散或外迁，宗族组织不如南方普及、发达和健全，而且宗族性血缘村落很少，多的是杂姓共居的村落；三来少数民族又不断侵入（北方），以致宗族观念淡化……乾隆《徐州府志·风俗》说，府境里“有庙者少，无庙者多”……

相反，南方宗祠很普遍。因为南方战乱少，长期稳定，因而多血缘村落，宗族势力大。清初康熙朝人赵吉士在《寄园寄所寄·泛叶寄》里写道：“新安各姓，聚族而居……千年之冢，不动一抔；千丁之族，未尝散处；千载之谱系，丝毫不紊……”新安就是皖南徽州。

（《宗祠》，第20—21页）

上面的这段话果然印证了我对南北祠堂数量有别的印象。南方祠堂多，归根结底，源于北人南迁、文化南传，以至回望的心绪太绵密、太沉实。

北人本来安土重迁，但偏偏战乱频仍、天灾横生，不得不背井离乡，跋山涉水，在南方陌生的土地重建家园。故土已经遥不可及，怀恋愈加浓烈，应当如何抚慰自己枯冷的心绪？如何凝聚宗亲心志、繁衍家族血脉？况且，在新的境遇面临更多复杂的生存问题，乃至与原住民的冲突，又该怎样处置？这个时候，他们再次崇敬先辈开创家业时的勇毅与担当，再次相信了宗族抱团的力量。

北人在南方逐渐开枝散叶，家族文脉再现繁盛的景象。为缅怀先人筚路蓝缕之功，追忆祖上的光荣与梦想，后人建起了宏丽的祠堂，将列祖列宗的牌位安放在大堂里。

许多年之后，当我作为一个北方人来到佗城，再次走入一座座祠堂，首先想到的不是血缘传承、文化演进、华族赓续等宏大的历史主题，也非禁锢天性、压抑个性等对于祠堂的所谓批判的话语，而是一个个卑微的生命、一个个羸弱的身躯在南迁过程中惶惶不可终日的心境，是在时代的夹缝与家国的苦难中汲汲求生的悲壮图景。那是生命挣扎的血泪史，是文化拓荒的奋进史。

那些从北到南的移民，是“大历史”中的“小人物”，最终却撬动了“大历史”——促进了中原文明的南移，改变了南方文明的样貌；而那些“小人物”精心建造的大大小小的祠堂，则封存着文明开化的“大历史”符码。

在更远的南方，在江南以南的岭南，我曾在一些乡村与小镇遇见各种姓氏与样式的祠堂。一座座祠堂就是一个个族姓血脉的凝聚点，就是地域文明繁盛与拓进的历史碑记。而其背后，则关联着深广沉重的历史。

言及此，我不禁想到了美国人类学家罗伯特·雷德菲尔德（Robert Redfield）在他的名著《乡民社会与文化》（*Peasant Society and Culture*）中强调的文化“大传统”与“小传统”(Great and Little Tradition) 之别。所谓大传统，是指一个社会里上层士绅、知识分子所代表的文化，亦即经过思想家、宗教家、文学家反省深思所产生的精英文化；而小传统则是指一般社会大众，特别是乡民或俗民所代表的生活文化。姑且将宗祠及其所表征的文化认作“小传统”，但“小传统”所映现的历史同样具有磅礴且活泼的力量，同样值得铭记与瞻望。

现代以降，历史的节奏急剧提速，社会生产及组织形式都发生了根本性的变化，乡人和土地、宗族的依附关系不再浓重紧密，作为“小传统”的宗祠文化，在社会生活中逐渐被淡化。尤其在大量年轻人搬离乡村之后，宗祠的诸种功能发生了蜕变，成为一种“有意味的形式”，只能映现在许多人的记忆里。它就像一位已经完成使命的老人，安静地待在乡村里，平时无所事事，逢年过节则依然还会红光满面地等待着后辈归来。

05

祠堂穿越了历史，又最终成为历史本身。祠堂记忆了历史，又最终沉淀为记忆本身。

此前，先人兴致盎然地建一座宗祠，是为了让自己，也是让后代一直记得“我是谁，我从哪里来”。而现在，我们去宗祠，慢慢观赏图画、楹联与墙上的斑点，细细聆听每个角落隐匿的声响，则会懂得“广东是什么，广东从哪里来，广东何以为广东”。

就在要离开佗城的时候，当地人告诉我，过年的时候再来看祠堂，场面会更热闹，也会有更多有意思的发现与体验。春节之前，不少在外务工的人将回到小镇，大伙会一起到祠堂祭祖，场面会很壮观。除此之外，各种民俗活动围绕着祠堂群落，也将如期集中举办，舞龙、舞狮、打马灯、打船灯，诸如此类。听着当地人详细的描述，喜庆盛会的气息着实令人非常期待。

不管时代往哪里走，文化的根总是在的，乡愁总是撇不下的，而有些人也总会回来的。等待归人的，是家门上挂着的温暖的灯笼，是祠堂里的香火、天井与图画。

对于我而言，说不定哪一个春节，就会来到佗城或者广东的其他小镇、小村，在祠堂、在农家过一个乡味隆盛的中国年。

想念佗城，想念北方。

去山水间寻味

01

美食家沈宏非在评论另一位美食家陈晓卿时，写下了这段有意思的文字：

我发现，凡是写一手好文章的，字里行间总是潜伏着一个假想敌，或隐或现的……陈晓卿的敌人，不是人，是城市，人造的城市。敌意之深浅，与城市体量及其距离乡村之远近，成正比。

接下来，你会像我一样发现，凡是大城市里的饮食，在他的笔下一般都显得虚头巴脑，感觉五脊六兽，就连标点符号，一个两个瞅着也都没精打采的；一旦脱离了中心城区，越往城外走，文字就越是精神，越是来劲。及至流窜到荒郊野岭，田间地头，胸臆便完全打开，双目就彻底放光，好言好语一发喷薄而出，令人目不暇接。

（《至味在人间》，第 1 页）

至味在人间，在清净的乡土。真言不虚。陈晓卿的“舌尖上的中国”，说白了就是“舌尖上的乡愁”，那些氤氲在深山老林的味道，依傍着小桥流水的炊烟，陪衬着各种方言与日常的碗筷，竟惹来都市人的流连与垂涎。

食物对于人们来说，远不止是果腹、酒局这么简单，它是一种文化、一种时尚，亦是一种情思、一种历史，甚至可以称为一门艺术，映照着人们对生活的态度。所以，我们不断重返乡土寻味，说到底是割舍不下对生命来路的追忆与眷恋。

都说一方水土养一方人，而“养”的媒介，很显然，便是食物。但要品赏食物的真味，还真的要到这“一方水土”。总是在城市的各地风味馆子里吃来吃去，难免隔靴搔痒，挠不到味道的实处。

这一次，我就和几个老友走进龙川，这片有着2000多年历史的土地，赶赴一场和客家美食的相遇。

其实，在广州早已相识客家菜，醇厚香浓、朴素实在，味道和家乡鲁西南的饭菜较为贴近，所以吃起来格外亲切。盐焗鸡、梅菜扣肉、酿豆腐，都能让自己找回在老家吃饭的感觉。

吃客家菜，还让自己对“广东”有了重新的认识。来广东之前，以为这里的文化只是铁板一块，浑然一体。而真正到了广东，才发觉省内各地域文化差别甚大，完全不是一回事。而粤菜这个响当当的名号，也不过是一个统称罢了，绝非一个本质主义的概念。广义的粤菜，除了以珠三角为根据地的广府菜，还包括客家菜与潮汕菜，三大菜系风味迥异，与此相对应的便是广府文化、客家文化与潮汕文化三大板块。

广东的客家菜，主要流行于梅州、河源、韶关、惠州等地。而之所以要去河源龙川找寻原汁原味，无非是因为这里是客家文化的发源地之一。龙川素有“秦朝古县、百粤首邑”之称，自秦始皇三十三年(前214)建制，至今已有2200多年历史。

所以，要寻得有底蕴的客家食物，龙川绝对是一个好去处。

02

到了龙川，最先感动味蕾的，竟是青山绿水间做成的白嫩嫩的豆腐。

豆腐在中国人的餐桌上委实司空见惯，而豆腐的做法与吃法却又蔚为大观。说句不过分的话，吃遍了中国的豆腐，也就意味着走遍了中国，尝遍了中国的风味。

将饮食写出真味与境界的，往往是作家，似乎要胜于专业的美食家。文学圈的资深美食家周作人先生说：“豆腐真可以算是天下第一，不但中国发明最早，至今外国还没有，而且将来恐怕也是不会有的。”(《知堂谈吃》，第311页）你看，老先生说起软豆腐多自信，那可有文化的硬实力。

梁实秋先生在一篇以“豆腐”为名的文章中，开门见山便说：“豆腐是我们中国食品中的瑰宝。”(《谈吃》，第27页）他甚至认为，关于豆腐的事情，可以编写一部大书。老饕汪曾祺先生也专门为这一平凡的“瑰宝”写过一篇文章，题名同样是《豆腐》。对于豆腐的千百花样，汪老先生同样感慨：“中国豆腐的做法多矣，不胜记载。”（《肉食者不鄙》，第 41 页）这篇写美味的美文，洋洋洒洒，达数千言，文字平淡得简直就像一块嫩豆腐，但细品下来，却让人回味悠长。

在文人的记述下，一块豆腐也变得摇曳多姿，“豆腐”也确然成了“西施”。

到了广东吃豆腐，客家酿豆腐是绕不过去的。“酿”是一个客家话的动词，表示“塞入馅料”的意思，“酿豆腐”即“有肉馅的豆腐”之意。这样做出来的食物，既有豆腐的绵软，又有肉味的醇厚，两者混合在一起，别有一番滋味。

在广东客家聚集区，诸如河源、梅州、韶关、惠州等地，都能吃到地道的酿豆腐。到了河源的龙川，酿豆腐自然也是一份餐桌上的“重头戏”。随便进一个饭馆，都会有一道酿豆腐等着你，要么一块块平铺在白色的瓷盘上，要么摞在一个砂锅里，上面是煎过的金黄的样子，再撒点葱花，颇为诱人。

在一个饭馆里，我们眼见了酿豆腐的整个过程。

厨师先将一整块豆腐切成大小合适的小块，再将豆腐块放在手心，用筷子在豆腐中间戳个小洞，取适量肉馅放在洞口，用筷子把馅戳进洞中。豆腐块与肉馅的比例，大概是 2 ∶ 1。这个步骤看似简单，实则考验技术，粗手粗脚的人往往做不好。加太多馅很容易撑破豆腐块，太少不好吃，馅全在表面也影响口感。关键技巧是用大拇指根和食指、中指、无名指的指尖，以及小指轻轻地围住豆腐块，避免豆腐被撑破，再用另一只手将肉馅放到豆腐块的洞里。

如此逐一做好，就等着下锅油煎。将酿好的豆腐块的四面煎成金黄之后，再放入铺着菜心的砂锅里煲 5 分钟，或者直接在煎锅里加上各种配料煎，后加少许淀粉勾芡。起锅之后，即可食用。厨师告诉我们，也可以不用油煎豆腐，直接在砂锅里清炖，逸出的是清淡的味道。

在佗城，酿豆腐还有另一种非常独特的做法，即当地人所说的酿豆腐丸，简称“豆腐丸”，工艺要比普通酿豆腐更精细些。

老卤的豆腐炸成片，然后切开，包上准备好的肉馅，肉馅大多由猪肉或鱼肉配上白萝卜、香菇、粟粉、调料。将豆腐丸放在砂锅里，和萝卜条或豆芽一起煲煮，香气便一缕一缕地散发出来。豆腐丸吃起来，则外皮爽口、内馅结实，香味浓郁，砂锅里的汤水也格外醇美。

豆腐丸制成之后，便于冷冻储藏，平时多销往珠三角等地。逢年过节，向外销出的豆腐丸数量更是猛增。一个小小的豆腐丸，竟成了这个古老的小镇的地域招牌，这也许可称作饮食文化不遑多让的能量。

不过，冷冻物流的豆腐丸的味道终不如现时现地品赏。要想吃到更有质感与口感的豆腐丸，最好还是要亲自到龙川的佗城，在青山绿水间的古镇街道上走一走，总会有意想不到的发现。

不管是普遍的酿豆腐，还是独特的豆腐丸，平实地说，都无甚太考究的制作工艺。风味之所以成为风味，归根结底，食材才最关键。这里的山好、水好、大豆好，做豆腐的手法也好，做成的酿豆

佗城客家豆腐丸　摄影 / 夏世焱

腐口味自然是上乘的。龙川有个镇叫车田，在当地人眼里，车田出产的豆腐最好，堪称豆腐中的极品。有人还曾专门为车田豆腐写过几首打油诗，听起来颇有意思：

豆腐好吃数岭南，岭南豆腐看东江，东江豆腐数车田。

车田山水车田情，车田豆腐魂牵连。欲把豆腐比西子，蒸煎酿炸皆上品。

虽为乡间俗语，谈不上风雅，各位食客姑且听之，姑且食之。食出感觉来，总是最紧要的事情。

龙川好味道，系于一“酿”（当地方言读“让”）字，远不只是酿豆腐，简直到了无所不酿的地步。

在龙川的两天时间里，品赏的“酿”的食物，不下于十种，酿苦瓜、酿茄瓜、酿春卷、酿香菇、酿蛋角，诸如此类。为什么龙川人对“酿”如此钟情呢？当地人告诉我，在美食背后，有一个悲伤的传说。

相传赵佗与他的士兵、随从从北方到龙川后，思乡心切，怀念故土的口味。北方人爱吃饺子，尤其到了某些节日，更要吃饺子。但一个地北、一个天南，南方不出产小麦，又如何能做出饺子？这个时候，有人就想出一个法子，用豆腐代替面皮，在里面包上肉馅，既能就地取材，又能满足大家对故土食味的怀念。这个办法果然奏效，酿豆腐便流行、流传下来。为了“酿”出北方的味道，食材与方法也越来越多。

传说终究是传说，免不了作假的成分，但龙川味道与中原一脉相承，确确实实是真的。正是通过赵佗南下及后来的北方人五次大迁徙，形成了客家民系，才延续了中原饮食文化的意蕴，并与南方的自然风物相结合，形成了今人喜爱的客家菜。

饮食从来都不是小事情，一些不经意的细节，说不定就抖搂出一个深广的历史。当我听到酿豆腐的发明传说后，再坐到桌上吃这道菜的时候，禁不住联想起北方人为了躲避灾难、一路向南逃荒的悲苦情景，想到他们在遥远的南方思念家乡的落寞心境。为了生存，为了血脉的延续，他们想尽了一切办法，包括饮食、起居、耕读各个方面。那些处境的艰难、生活的心酸，那些挣扎的勇气、创造的力量，以及那些一个个匍匐前行的人，恐怕连宏阔的历史也不再清晰记得了。

嗐！好端端的一桌美食，竟吃出了莫名的沉重。“敬重先人，好好吃饭。”禁不住脱口而出这样的酒话。

但又不得不正视，这便是包括酿豆腐在内的客家美食的人文底蕴所在。一道平常的饭菜，意涵却又如此丰富，从中可以解读出血脉生生不息，解读出“客家何以为客家”“广东何以为广东”。这就是客家美食的文化意蕴。

回到梁实秋与汪曾祺两位先生专写豆腐的两篇同名文章，他们都枚举了各地的豆腐品类，字里行间流溢着豆腐的香气。却不巧的是，两位先生都没有提到客家酿豆腐。他们缺了这一道口福，真有点为他们感到遗憾。

03

到了龙川，当地朋友一定会对你说：“我带你去吃鱼生，要好好喝两杯。”果不其然，这次来到龙川，就受邀吃到了鱼生。

这里的田心鱼生最为有名，田心这个美好的名字，其实指的是霍山脚下的一个村落，依山傍水，风景自有一番韵味。

为什么田心鱼生名号响当当？这背后有一个故事。明朝天顺年间，田心住着一对以打猎为生的夫妇。有一天，夫妇俩到霍山打猎，一天下来，一无所获，又饿又累。眼看太阳就要落山了，夫妇俩来到一个名为“和尚”的水塘，好不容易抓到了两条鱼。由于手上没有生火的工具，两人就尝试把鱼洗干净生吃，结果发现生鱼的味道竟然比熟鱼还要鲜甜美味。打那以后，这对夫妇的生活过得一天比一天红火。邻里得知夫妇俩“转运”的消息后，也纷纷跟着吃起鱼生来。久而久之，随着鱼生的吃法不断健全，田心鱼生的美名也逐渐传播开来。

故事的真假已不可考证，但至少告诉我们几个重要的信息：其一，能做成鱼生的鱼生长自然环境要求极高，一定要有好水、好池塘、好的饲养方法。当地的朋友告诉我，龙川的草鱼都是在鱼塘中放养的，所用的饲料只有一种，那就是草。其二，龙川人吃鱼生的习惯早已有之，已经成为当地美食的金字招牌。其三，吃鱼生寄寓着一种对生活的良好祈愿。其四，许多美好的体验与发明，往往是从一个偶然、一种不经意的尝试开始的。

鱼片薄如蝉翼，晶莹透亮　摄影 / 夏世焱

这次来龙川吃鱼生，特别看到了鱼生的制作过程。制作鱼生，几乎是一种行为艺术，方法考究，又不失美的格调。

厨师从清水里抓出一条约两斤重的活鱼，放在了案台上。他告诉我们，这样大小的草鱼肉质最为鲜美。草鱼是在活水石子池塘里养大的，鱼塘一年清理一次，都要用石灰消毒。而草鱼在被吃之前，已经在清水里养了两天，什么东西也不喂，如此讲究，只是为了保证肉质的清新。

鱼还在扑腾，厨师一只手提着它，另一只手提着一条白布。因为制作过程不能碰到一点生水，更不能用生水清洗，要不然就破坏了口感。而这条白布的作用，就是不断地吸干鱼身上、砧板上、刀上的水分。

最具备观察价值的当属于刀功。先是将鱼分解成鱼头、鱼骨、鱼身、鱼尾。刀子在鱼皮边缘割了一个小口，一整张鱼皮像蛇蜕皮一样被剥了下来。鱼身上两大片莹洁完整的鱼肉，就是做鱼生的主要部位。

厨师开始切割鱼肉。我们屏息看着，刀子发出很轻微的鱼刺锯断的声音。厨师说，这些都是很小的鱼刺，所以切割声很小，如果是粗一点的鱼刺，声音相对会大些。但这些鱼刺最后也都可以忽略不计，因为鱼肉片切得极薄，鱼刺当然也被切割得很细。

随着轻微的锯声，薄如蝉翼的鱼生一片片出现。然后，厨师又把它们全部摊在竹篾编的匾盘上，端到桌面上，供食客品赏。匾盘用竹篾做成，主要取其干爽通风，有利于鱼生保鲜。

清人屈大均在《广东新语》中写过鱼生：“粤俗嗜鱼生”。确实，在广东，不仅龙川，其他地方，比如潮州、江门、顺德等地，餐桌上都会出现鱼生。

这些地方都有鱼生，它们有些什么同与不同之处呢?

同的是，它们多数是河鱼，也就是淡水鱼，因为这些地方产的鱼类多是淡水鱼，以草鱼为主，而不像日本鱼生以海鱼居多。另外，这些鱼生的盛放器物多数是编织疏松的竹匾。在潮州有一些鱼生档口，顾客把鱼生带回家里去的时候，也不能把鱼生装在塑料袋里，必须整片竹匾带着，托着走，因为鱼生必须一直保持通风状态才能新鲜干爽。

但这些地方的鱼生又各有不同。

它们的不同主要在配料。

龙川的鱼生称为“八宝鱼生”，这八宝，指的是八种配料：切碎的新鲜鱼腥草、姜丝、蒜泥、油炸花生米、炒熟的芝麻、类似于爆米花的炒米、高山茶油、精盐。这八种配料装在碟片里，围在切成薄片的透明鱼生周围，形状上煞是好看。

再仔细琢磨这八种材料，就会发现它们都是一些龙川当地盛产的农作物，比如花生米、鱼腥草等。炒米是龙川常见的零食的组成材料，茶油也是龙川当地的特产。

这些搭配，称为“八宝”，而每一件，也都担得起这个“宝”字，每一件都值得玩味。这其中最奇特的一“宝”是鱼腥草。鱼腥草的气味十分清奇，顾名思义，本身就有一种腥味。难道是嫌鱼生不够腥？这种配合真是十分憨直、野性。但它的腥，又毕竟与真正的鱼腥有点不同，毕竟还带有植物的独特气息。

龙川八宝鱼生与八种配料　摄影 / 夏世焱

八宝鱼生配料——鱼腥草　摄影 / 夏世焱

一般而言，鱼生都会搭配一些气味凛冽的植物香料。潮州的鱼生香料由芫荽担任，在顺德，植物香料则是柠檬草丝。唯独龙川的鱼生，配的是鱼腥草。

很有意思的是，同是在客家地区，每个地方的鱼生配料也不尽相同。比如梅州五华县，也是客家地区，鱼生的配料里则没有鱼腥草，取而代之的却是白醋。这更让人觉得龙川的八宝鱼生的独特。

花生米的搭配不难理解。花生的浓烈香气在任何时候都能使食物变得华丽，炸花生更加增添了口感的浓郁，使鱼生的绵软滑腻变得更为复杂。芝麻也是类似的作用。

而其中的炒米，又与顺德鱼生里的芋头丝相对应。这是为了增加淀粉的含量，使这道菜的成分更加均衡。

至于蒜泥、姜丝，都是为了杀菌，倒是各处皆同，就不多说了。

终于到了举箸的时刻。大家伙看着晶莹如玉、璨若散雪的生鱼片，再加上八小碟颜色各异的配料，食欲再也抑制不下。夹两片鱼生，同姜丝、蒜泥、花生米、鱼腥草等配料搅拌在一起，再滴上几滴茶油，缓缓放入口中，轻轻咀嚼，各种味道立刻在口腔内发生化学反应，突然“爆破”，惊诧了整个味蕾。已感觉不到生鱼片的半点腥味，留在舌尖的只有各种香味的交融，而鱼肉的鲜嫩就像一个骁勇善战的骑兵，奔腾腾直击味觉的要害之处。想不到乡间的平常之物，经过精心调教与搭配之后，竟有如此强劲的撼动心魄的力量。不过一刻钟的工夫，我们便将鱼生吃个精光。再喝上几杯高度数的客家烧酒，望着窗外的青山绿水，那才是十足的惬意。

八宝鱼生，是龙川当地一道特别显要的硬菜，有了它，才显得桌席隆重。由于制作上的复杂、讲究，形式上的华丽、丰赡，一般的家常菜里不会经常出现鱼生；但在节假日，为表现待客隆重或者突出悠闲享受的情致，普通人家也会制作鱼生。

八宝鱼生的呈现，使龙川的日常生活达到了另一美学高度。只不过，鱼生口味虽好，也不能多吃、常吃，毕竟生肉里多少都会有些寄生虫，爱好美食总得先注意卫生安全。

04

来到龙川，一定要喝几杯客家娘酒，不然，也算是枉来一趟。

对于娘酒，绝不可望文生义，以为这只是“母亲做的酒”，或者仅为“母亲喝的酒”。写这篇文章的时候，恰逢母亲节，真希望市面有一款专供母亲喝的酒，可让天下的母亲健康幸福。

娘酒，说白了就是客家糯米酒，属黄酒一类，和绍兴花雕同属一大酒类。娘酒的原料是糯米，以天然微生物纯酒曲发酵而成，不加酒精和任何添加剂，是纯天然饮品，可以直接饮用，也可与鸡肉等肉类一起煲。喝点娘酒，对身体大有益处，活气养血、活络通经、补血生血，诸如此类。所以，娘酒的适合人群特别广泛，远不局限于女性，成年男子也乐于饮用。

唐朝名相、广东土生土长的大诗人张九龄曾写过一首诗《题谢公楼》：

谢公楼上好醇酒，
二百青蚨买一斗。
红泥乍擘绿蚁浮，
玉碗才倾黄蜜剖。

有的学者认为，他提到的“谢公楼”地处汀州（今福建长汀县），喝的这斗“醇酒”即客家娘酒。诗中“玉碗”和“黄蜜”两词用得妙极，“黄蜜”准确地勾勒出娘酒的色香味，用“玉碗”盛酒，更衬托出酒质的佳美。

去年深冬到了龙川，几个朋友席间喝了两壶娘酒。店家特意将娘酒在火炉上温热了一下，里面放入了几条姜丝，说这样有助于暖和身子，且口味也会更香甜一些。但见玻璃杯里的娘酒红褐透明，色泽特别诱人，抿入一小口，一股香甜温润的气息瞬间流入腹内，口感并不浓烈，但味道足够醇厚。娘酒虽然映着女子的姿采，琥珀色的酒质透着一种娇美，甜津津的口感存着几许柔和，但风度却是宽厚的、淳朴的、沉实的。

倘若说高度白酒是行走江湖的大侠，娘酒则如深山老林里与世无争的隐者，不必豪情万丈，性情亦非暴烈，不过倒是有一番古道热肠，哪怕一次短暂的相遇，也会让你感到特别的暖意。

席间，当地朋友还告诉我一个关于娘酒起源的传说，听起来颇为神秘。

还是和赵佗有关。两千多年前赵佗在龙川做县令的时候，推行“和辑百越”的政策，主张北来的汉人与本土的越人杂居共处，还上书秦始皇，请求派来一万名未婚女子，和当地人通婚。这群女子越过万水千山，一路舟车劳顿。她们进入岭南后，因为当时这里瘴气弥漫，许多人因此生病，再也走不动了，一个个昏睡在野林之中。

不知过了多久，一阵清风吹来，一种特别的香味沁人心脾。一位女子慢慢苏醒了过来，看见一位满头银发、红光满面的老婆婆，用竹制的勺子从一个瓦罐里舀出一种淡黄色的液体，递给这位女子，让她喝下去。她轻轻呷了一口，醇香浓郁的气味直入魂魄，顿觉心旷神怡，随即疲累与病痛全消。这位女子遵照老婆婆的指点，给每个姐妹的嘴里都灌了一口，个个便清醒过来，精神焕发。随后，老婆婆传给他们这一液体酿造的方法，便欣然而去。

这群女子来到龙川后，和将士及越人成了家，在此落地生根，老婆婆传授的液体酿造工艺也从此世代相传。这种神奇的液体，便是客家娘酒。

如今，酿制与饮用娘酒成为客家人的普遍习俗，不论男女老少都可以喝上几杯。至于喜庆节日，或者招待友人，客家人更喜欢拿娘酒助兴。千百年来，客家娘酒渗入了多少深情、多少喜乐、多少悲苦、多少祈愿，没有人说得清。

娘酒营养成分足、滋补价值高，也成了客家女子的必备补品，并产生了娘酒炖鸡、娘酒煮鸡蛋、娘酒汤圆等食谱。

对于客家娘酒的制作工艺，当地朋友说了这样一句俗语："蒸酒酿豆腐，无人称师傅。"意思是，制作娘酒就像酿豆腐一样，即使是再有经验的人也不敢妄称师傅，随便教人。因为酿酒费时费力，其间不确定因素又多，稍有差池就容易把酒酿坏。看来，外地人难以取经，只能喝客家人才能酿制的娘酒了。

两大壶温热的娘酒下肚，兴味未了，竟有些微醺了。当地朋友说，娘酒虽然度数不高，但后劲足，细酌才好。

周作人先生曾多次为他家乡的黄酒撰文，从来不吝美词，甚至断言：“属于黄酒系统的东西，以浙江省绍兴的酒为第一。”（《知堂谈吃》，第423页）坦白说，现在不管是文化辨识度还是市场占有率，绍兴花雕都可谓首屈一指，而客家娘酒的确存在一定的赶超空间。期待有一天，客家娘酒也能与绍兴花雕平分秋色。

05

这次一起去龙川寻味的，有青年作家陈思呈，到了县城，特意去了一趟菜市场。据她交代，每去一个新地方，都会选一个或几个菜市场走一走、瞧一瞧。就冲这一点，她就是一位体察饮食与民风的行家。再平常不过的菜市场，往往蕴含着当地风物、生活与人情的秘密。

汪曾祺先生就爱逛菜市场：“到了一个新地方，有人爱逛百货公司，有人爱逛书店，我宁可去逛逛菜市场。看看生鸡活鸭、新鲜水灵的瓜菜、彤红的辣椒，热热闹闹、挨挨挤挤，让人感到一种生之乐趣。”他是一位把口腹之欲和高雅文化之间的距离拉得最近的文人，懂得菜市场的妙机。

一大早，我们便跟着陈思呈去菜市场“调研”。路边摆着卖各种“粄”的小摊子，形制与做法多样。“粄”为古汉语，也是客家话的特色字，泛指用米浆或米粉所制的食品，是客家地区最有代表性的小吃，仙人粄、味酵粄、桃粄、萝卜粄、捆粄、笋粄、艾粄、薯粄、酿粄、老鼠粄、人缘粄等，不一而足。客家人似乎将什么都可以做成粄，五颜六色的粄，各种形状的粄，香气四溢，且又不失趣味。而更有意思的是，逢年过节或者婚丧嫁娶，都会吃到粄，而且不同的粄又有不同的寓意、不同的适用场景。

当地朋友告诉我们，只要吃遍了粄，搞清楚粄这种食物在客家人生活中的地位，客家风味的精髓与民情的独特，也就了然于心了。

我们还遇见了一些独特的蔬菜，比如狗爪豆。狗爪豆是客家菜特有的食材，在其他地方不曾见过。它的树很高，豆荚很大。豆子摘下来后连豆荚一起要浸泡几天才能食用，不然会有微毒，吃后头会晕。浸泡几天后，豆荚跟豆仁一起，加上客家娘酒或者酒糟，以及盐、姜、葱炒制，味道就很不一般。

这是一道非常有客家风味的菜，豆荚的口感尤其独特，而豆仁又有特殊的清香。而这道菜里面的点睛之笔，当然就是娘酒的味道了，它与狗爪豆互相搭配，微甜、醇厚的酒香，使得这种本来就少为外地人所知的客家菜，更展现了独有的风情。

同样的做法也适用于蕨菜。蕨菜是山区常见的野菜，将它和娘酒酒糟、姜丝、咸菜一起炒，口感里有蕨菜的韧、咸菜的脆、酒糟的绵软与甜香。小小的一道菜，其味无穷，且又有各种变化，映现的都是客家人的生活智慧。

至于鸡鸭鱼肉，那也都是本地出产，不必追求特别。龙川人的日常餐桌大都以家禽和猪肉为主，追求原汁原味，即“饭有饭香、肉有肉味”，有所谓“无鸡不清、无肉不鲜、无鸭不香、无鹅不浓”的讲法。总体来说，这里的菜品注重火功，以蒸、焗、煲、酿见长，尤以砂锅菜闻名。而且，这里的饮食讲求四时节气，和整个客家地区大体一致，不再一一赘述。

客家学泰斗罗香林先生曾认为：“客家地方可资食用的动物殊不充足，惟植物尚有数种极可注意。”正是在并不十分丰富的风物中，包括龙川在内的客家人淬炼食材的精华，将“靠天吃饭”的观念发挥到极致。

什么才是“天”呢？是绿水青山常在，是中土文脉流传。

（注：陈思呈对本文亦有贡献）

那一声山歌古风悠远

01

东晋时期的著名文学家左思在《招隐诗》中有言:“非必丝与竹,山水有清音。”在龙川的山水之间,这清音,除了林啸、泉响与鸟鸣,还包括鼓荡着古风与情趣的客家山歌。

在什么山唱什么歌。在中国,几乎有山的地方,就有自己的歌。作为中国民歌的一个基本体裁,山歌流传分布极广,文化与美学的蕴藏也极为丰富。内蒙古草原的“长调”,陕西的“信天游”,新疆的“牧歌”,甘肃、青海等地的“花儿”,大别山区的“慢赶牛”,江浙一带的“吴山歌”,云贵川交界地带的“晨歌”,藏族集中居住地区的“藏族山歌”……那些声音像清泉一样干净,像蓝天一样明亮,像山风一样悠远,像鲜花一样直抒胸臆。

山歌是极具地域文化辨识度的民间艺术,听到什么地方的山歌,自然也就感觉像回到那个地方一样；喜欢什么地方的山歌，也许便意味着对那个地方的风土与人情心领神会。

我的家乡是鲁西南平原，自幼没有接触过山歌。真正接触到山歌，并被此深深打动，是在读大学的时候，在一本书里“听到”的。这本书是沈从文先生的《边城》，一个美得不能再美的语言世界，里面除了美景与美的心灵，还包括优美的歌声。在那个名为“茶垌”的小山城里，翠翠生命的诞生便是源于山歌，她的父亲和母亲都是爱唱歌的人，也因为山歌而相遇相爱；而翠翠和两个男子的哀伤情感，也是在山色与山歌里徐徐展开。傩送为了表达爱意，他隔着河唱了半夜的“又软又缠绵”的山歌。翠翠后来说：“有人唱歌我就听下去，他唱多久我也听多久。”结局非常可惜，“使翠翠在睡梦里为歌声把灵魂轻轻浮起的年轻人，还不曾回到茶垌来”。

正源于此，我对山歌这个古老且又清澈的艺术形式产生了兴趣。有一段时间我特别爱听各个地方的山歌，大多数山歌都是浓重的方言，虽然听不懂唱的是什么，但那嗓音、韵律，只要一响，便令人醉入其中。

客家山歌是客家人唱的歌，主要流布于客家聚集地，诸如粤闽赣等地。

在龙川，我听到这样一句客家俗语：“客家山歌从口出。”感觉好像是一句废话——不管什么歌，不都是从口出吗？其实，这句极简单的话里，其实大有深意。居住在山间野岭的客家人，劳动累了，或者情有所动了，或者只是想亮一亮嗓子，便脱口而出。客家人喜欢山歌，不管男女老幼，不管识字与否，也不管是在劳动或闲暇中，想唱就唱，想到什么就唱什么。所以，“客家山歌从口出”这句话道出了客家山歌的一个重要特点——言为心声，即兴创作。在这种直抒胸臆的原生态风格中，可以看到《诗经》的影子，没有一丝的矫揉造作，全是情绪的自然流露与本性的自由表达。

02

客家山歌由客家人传唱，若要追溯其形成的源头，则并不那么容易。不过，从文化基因来说，客家山歌是南北文化融合的产物，倒是可以确证：

> 尽管我们不可能确切地说明客家山歌的起源，但有一点是可以肯定的，即随着客家人的陆续南迁，与居住地的原住民产生了文化上的交融。客家人的山歌，既携带了客家人来自中原的精神文化行囊，也吸收了南方少数民族的土著音乐。换言之，客家山歌继承了中原地区古代民歌的传统，非常典型地继承了《诗经》以来的民歌传统，主要表现在赋、比、兴手法的广泛运用，这三种传统的表现手法在客家山歌中俯拾皆是，并且汲取了南方土著民族音乐的精华。
>
> （《客家山歌的当代传播与影响》，第 9 页）

什么地方的人，便有什么样的歌；人从哪里来，歌便从哪里来。

客家山歌是客家人情感之所发，题材极其广泛，它就好比一个容器，涵盖了客家生活的方方面面，容纳了客家人的日常与悲喜，也映现着客家人的性情与气格。相比于“反映生活”之类的庸俗社会学解释，我更愿意将山歌认作一种人格化的艺术，一种生命精神的文化表征。艺术的价值最终是回到人本身，山歌里尽是人的境遇、人的情绪与人的哲思。

就像沈从文笔下的湘西山歌一样，在龙川的客家山歌里，男女情感是最重要，也是最有特色的主题。龙川有一首情歌叫《瞎眼狗》，仅仅从题目来看，就足够生活化，歌词也的确非常质朴：

瞎眼狗来死孤么，
贼古唔吠吠亲哥。
把厓亲哥吠也走，
揽你跳井过奈河。

这首情歌与《诗经》中的一首诗内容很相似：“舒而脱脱兮，无感我帨兮，无使尨也吠。”（《召南·野有死麕》）意思是希望与心上人约会的时候，狗不要乱吠。表面上叫狗不要乱叫，扰乱自己的好事，深层的意思就是希望命运能给她一些机缘，成全她的美事，顺从她的心愿。这样卑微的姿态，更能显出爱的真切。

不但不希望狗吠扰人，更希望鸡也不要叫。鸡叫不仅仅是扰人，也意味着良宵的结束。所以又有了这一首：

催人出门鸡乱啼，
送人离别水东西。
挽水西流叹无法，
从今不养五更鸡。

对鸡鸣的怨恨让人怜惜。其实，怨的怎么会是鸡呢？怨的是时间，是命运。

《诗经》中同样有很多借“鸡鸣”来说事的作品，比如：“风雨凄凄，鸡鸣喈喈。既见君子，云胡不夷？风雨潇潇，鸡鸣胶胶。既见君子，云胡不瘳？风雨如晦，鸡鸣不已。既见君子，云胡不喜？”（《郑风・风雨》）大概是鸡鸣让人产生的感慨会特别复杂吧，既慌乱，又无奈。

还有另外两首客家山歌，这次不怪狗吠，也不怪鸡鸣，只盼着老皇历上近期没有一个出行的好日子，这样心上人就可以暂时不出远门了：

竹篙晒衫拉拉横，
保佑阿哥走唔成。
保佑月历无好日，
保佑天旱么船行。

指望明朝雨淋淋，
指望水涨无船行。
指望日历无日子，
指望阿哥走唔成。

这一下子让人想到了《诗经》中的《郑风·遵大路》：“遵大路兮，掺执子之祛兮。无我恶兮，不寁故也。遵大路兮，掺执子之手兮。无我魗兮，不寁好也。”沿着大路跟你走，拉住你的衣袖口……总之就是恋恋不舍的情意。如果从深层次来看，其实这首山歌里不仅仅是对爱人的挽留，更是对命运的乞求。

离别之后便是相思，这样的情感同样悱恻感人。思念远方的人，盼望远方的人归来，是闺房的连绵叹息与哭声：

妹想情郎月半天，
枕边翻滚泪涟涟。
明月照在妹身上，
魂魄落在郎身边。

阿哥出门往南洋，
隔山隔海妹思量。
鸳鸯枕上无双对，
目汁双双挂心肠。

在第一首山歌中，作者通过月亮这一意象，将两地人的情感联系在一起，呈现出高妙的艺术效果。在第二首山歌中，鸳鸯枕成为作者触景生情、睹物思人的核心意象。这两首山歌还道出了龙川人闯南洋（即现今的东南亚国家）的故事。自清道光年间始，部分龙川居民，沿着东江水通到南海，漂流异国他乡谋生，其中南洋是最重要的目的地。一百多年来，他们在异国别壤繁衍生息，枝繁叶茂。据统计，龙川现有华侨、华人二十八万多人。

上面两首山歌唱的是思念，在内容上与《诗经》中的另外几首诗遥相呼应，那就是对于那些漂泊在外的爱人、服役的爱人，发出盼归的呼唤：

式微，式微！胡不归？
微君之故，胡为乎中露！
式微，式微！胡不归？
微君之躬，胡为乎泥中！
（《邶风·式微》）

殷其雷，在南山之阳。
何斯违斯，莫敢或遑？
振振君子，归哉归哉！
殷其雷，在南山之侧。
何斯违斯，莫敢遑息？
振振君子，归哉归哉！
殷其雷，在南山之下。
何斯违斯，莫或遑处？
振振君子，归哉归哉！
（《召南·殷其雷》）

君子于役，不知其期，曷至哉？
鸡栖于埘，日之夕矣，羊牛下来。
君子于役，如之何勿思！
君子于役，不日不月，曷其有佸？
鸡栖于桀，日之夕矣，羊牛下括。
君子于役，苟无饥渴！
（《王风·君子于役》）

这些诗里都是对爱人远走的思念，对爱人久未归家的忧心，时过两千多年之后，今天读起来仍是让人感动不已。艺术可以超越时间，这便是艺术的魅力。

之所以将客家山歌的情感内容与《诗经》相联系，并在对照中发现两者之间的承续与趋同，以及艺术旨趣的一致性，无非是要说明客家山歌中蕴藏着浓郁的古风，而这种古风已经不只是一个时间概念，而是一种美学维度上的艺术范畴，关涉着人的生活的普遍经验与共通情感。显而易见，普遍经验与共通情感的表达，超越了时空的限度，不管在何时何地，吟唱起来都让人不禁潸然泪下；同时超越了书写 / 口头、庙堂 / 江湖、精英 / 大众、雅 / 俗的文化藩篱，可以成就一种不言自明的经典。

以《诗经》为鉴照，我们在客家山歌里听到了生命本然的冲动，感受到了历史原初的情绪。这样的情绪，自然、朴实且清净，就像山里的风、水上的纹，纯然是自觉的萌发。

03

客家山歌是生活经验的本然表达，是生命情绪的自由流露，并不意味着没有法度，恰恰相反，在形成的过程中建构起了修辞的规范。比如歌词结构严谨，押韵要求严格，注重表现手法，艺术形象显明，等等。

客家山歌的结构一般为七言四句，共二十八字，这和七言绝句相一致。通常情况下，第一、二、四句押韵，且多押平声韵。从曲调上来说，则简单质朴，没有严苛的平仄要求，节奏明快自由，唱来上口，听来悦耳。从表现手法来看，则明显继承了《诗经》"赋、比、兴"的遗风，往往先从物兴起，再展开抒情与叙事，并且多用双关、比喻、联想，以及重章叠句等艺术技巧。

比如在龙川找到的下面四首山歌，就巧妙运用了以上艺术技巧：

高山流水急湫湫，
阿妹送哥目汁流。
两人有情难分舍，
难分难舍情难丢。

莲叶装水点点清，
出水莲花香透心。
阿哥好比青莲叶，
托得莲花笑盈盈。

笊篱不怕滚饭汤，
大船不怕水漂江。
钢刀专斩硬竹节，
梅花专斗腊月霜。

想你一番又一番，
一日唔得一日满。
上昼唔得午时过。
下昼唔得日落山。

最后一首山歌采用的是白描手法，也就是《诗经》中的“赋”的手法。同时，歌里的意思与情感，又曾在《诗经》里出现过：“窈窕淑女，寤寐求之。求之不得，寤寐思服。悠哉悠哉，辗转反侧。”（《周南·关雎》）如果仔细研究，会觉得这一首山歌把思念写得比《诗经》里所写的更细腻。它把思念用一天的光阴来细分，如此一来，思念非常具体，一看就知道不是空口无凭，真的是在一天里细细思念过，才有这样的感受。

客家山歌不只是客家人的即兴之作，还蕴含着一定的艺术技巧，有着自己独特的艺术风格，展现了客家地域的风土民情与文化魅力。但也要看到，客家山歌里也有少数的粗制滥造之作，不仅艺术水准低，而且审美趣味低俗。

就像《诗经》一样，龙川客家山歌的绝大多数作者已经不可考，今人已经不清楚到底是哪些人创制了这些文化的瑰宝，甚至永远也不会弄清楚。也许，这并不是一个遗憾。作品已然在那里，感动已经发生，何必再纠结作品之外的事情呢？在时间的河里，任何东西都会游荡无影，更何况姓名与名分呢？而真正沉淀下来的，唯有作品，以及作品所包蕴的那颗楚楚动人的灵魂。

让历史的归还给历史，让空白的归还给空白，让实在的归还给实在，让经典的成为永久的经典。对于客家山歌而言，最实在的便是生命律动的本然呈现。

04

1936年3月9日，胡适先生为北京大学《歌谣》周刊作复刊词指出：“民间歌谣是最优美的作品，往往有灵巧的技术，很美丽的音节，很流丽的漂亮语言，可以提供今日新诗人的学习师法”。（《歌谣》周刊，第2卷第1期）

《歌谣》周刊早在1922年便创刊，云集了一大批喜爱并研究民间歌谣的学者，诸如周作人、顾颉刚、刘半农、董作宾等先生，在新文化运动的激流中兴起了一股传统民间歌谣收集、保存与研究的文化行动。作为中国新文学的重要旗手与新文化运动的风云人物，胡适后来反而对中国传统的民间歌谣产生了浓厚的兴趣，并对这一学术行动给予了肯定与鼓励，认为其“最大的目的是要提高中国文学的范围，增加范本。”包括山歌在内的民间歌谣，可以成为中国文学的范本，同样可以当作现代诗人学习的对象。古老的歌谣能够成为新文化建设可资借鉴与汲取的文化资源，这是胡适的明见，至今仍具有现实启示意义。

包括客家山歌在内的民间歌谣，具有巨大的艺术与文化价值。“山歌算来系正格。”一首山歌里，曾有这样一句话来表明自己的身份特征与文化立场。可惜，现在很多人仍没有充分认识到其价值，仅仅把山歌当作下里巴人的庸俗之作。客家山歌的文化意义已无须赘述，今人面对客家山歌，当以胡适先生为师，以开放包容的态度待之。

客家山歌是用来唱的，客家山歌的生命力亦在不断被创造性地传唱。2019 年，在爆款网络综艺节目《乐队的夏天》中，来自龙川相邻县连平的九连真人乐队，在作词作曲中，就巧妙地化用了客家方言与客家山歌，由此一鸣惊人。在喧闹驳杂的时代，原本朴实的客家方言与客家山歌，一经个性化的改造，竟显得如此锐利新潮。

龙川人祖祖辈辈爱唱歌，山水间飘荡着山歌的韵律。而古老的歌谣还会持续地被传唱下去吗？就像一首山歌所唱的：

胸脯不挺背会驼，大路不行草成窝。
钢刀不磨黄锈起，山歌不唱愁闷多！

（注：陈思呈对本文亦有贡献）

谚语里的女子

一个地方的语言，就像饮食一样，往往是了解该地方的窗口。龙川通行客家话，这里的谚语非常值得一提。

比如“穷在有闲地，富在没荒坡”——只要有一块空地，就让它种上东西，不管地多少，不管在山坡还是屋后，一定要恳而植之。又比如“街上买，不如田里扒”——与其经商，不如种田。

这两句龙川谚语，很明显地呈现出龙川过去重农轻商的意识。前面提到，龙川是一个山区县，地理环境决定了这里的人们对土地的依恋。人们的生活离不开土地，幸福和富裕也往往与土地有关。而现在，很显然，这种意识已经改变，人与土地的关系也不再像过去那样紧密。

民间有一副著名的对联，上联是“厓丢（客家话，我们的意思）开会，议定禁鸡禁鸭”。这里的禁鸡禁鸭，不是真的禁，而是管理好，因为鸡鸭乱走会损坏禾苗庄稼。下联是“你莫作搞（客家话，开玩笑的意思），抓到罚猪罚羊”。这副对联，跟普通对联相比确实有点像开玩笑，但对庄稼的热忱之心却显然可感。

龙川另一句谚语也很经典：“穷人莫断猪，富人莫断书”——这一句正好说明了客家文化里最看重的两种事——耕种和读书。过去客家人靠山吃饭，以耕种为主要的谋生方式，读书成为农家子弟摆脱命运的重要出路，所以特别注重尊师重教。“耕读传家”观念是中国传统文化意识的延续，与广府、潮汕区域的商业意识有很大不同。所以，包括龙川在内的客家地区人文荟萃，政治及文化、教育界名人辈出，也就不难理解了。

龙川民间老人家有一些迷信的行为很有意味。比如说写了字的纸不能用来垫坐，写了字的纸掉在地上不能跨过，否则就是不尊重文字与文化，可能会瞎眼。

这些习俗，体现了龙川客家文化里“崇文”的部分。这一方面类似的谚语还有：

生子唔读书，不如养条猪。
蟾蜍罗，背驼驼，唔读书，无老婆。
子弟不读书，好比没目珠。
只有郎子出得众，不要银子堆家中。
秀才不怕衫破，最怕肚中无货。

这些谚语，都从生活的各个方面，表达了客家人心目中对知识、学业的尊重和向往。读书改变命运，是他们最正确的认识，也是最恰当的选择。

重农和崇文，还不能完全概括龙川客家人的传统文化习性。这片土地上的客家人对生活的安排和组织方式，是很值得注意的一个侧面。依然用谚语来说明。龙川当地的谚语说：“食不穷，穿不穷，不会打算一世穷”“养儿防老，积谷防饥”。这都是过去龙川人生存智慧的体现。

龙川地处内陆山区，非艰苦奋斗无以图存，所以无论男女，都勤劳、节俭。对此，致力于研究客家学的著名学者罗香林先生曾这样写道：“一民系有民系的特性，特性是指由各种属性规范而成的惯例或脾气或好向……旧时客家家庭往往同一家内兼营农、工、商、学、仕、兵种种不同的业余，比如由一二农妇或居家力练的男子务农耕植，二三精利男子外出经营商业，聪明子弟读书成名，游宦各地，一二子弟离乡从戎，如此一来，不幸败于工商，仍可以农产补之，或败于仕学，则可转为商旅，又或败于农工，仍可仰给军粮。客人家庭可以说是复式组成，没专一家业。”（《客家研究导论》，第190页）

最能体现勤勉和节俭的，是当地的妇女。在客家地区有四句话概括了客家妇女的全能式的才干：家头教尾，意思是养育、教育儿女；针头线尾，意思是缝补衣服，做手工；田头地尾，意思是耕田劳作，做农活；灶头锅尾，意思是操作家务，一日三餐。

罗香林先生的著作《客家研究导论》中引用了一段发表在《妇女共鸣》杂志上的一篇文章，这样描述客家地区的女性：

妇女在农忙时耕田，在农闲时则日间夫商店挑运货物，或向成衣铺定领零碎缝纫工作，夜间则多操纺织之业，因是一家妇女所得，不但足维持一家生活费用，甚而可供子女受中小学教育。而男子在外地寄回之金钱，则涓滴不漏，储积以生息及购置田屋。故客家家庭之支柱是妇女。而其在社会经济中亦占一重要角色，……乡村中之种种旧经济组织内容，她们均能了如指掌缕悉无遗，而对于农业经营的智识经验尤丰。

（《客家研究导论》，第191页）

总而言之，客家妇女可以说在生活里面面俱到，皆能担当。尤其需要注意的是，与潮汕地区多数女性绣花持家不同，传统客家妇女会承担田间和家庭一切重活，从驾驭耕牛、犁田耙地、插秧到割稻、打稻、挑担，全都可以独立完成，均视若等闲。客家诗人黄遵宪在《山歌》题记中特别点到了客家妇女，说“岗头溪尾肩挑一担，竟日往返，歌声不歇”。真想不到，客家女性竟然还能做挑夫，在山川间“竟日往返”。

所以旧时客家妇女极少缠脚，因为要方便劳动，这就和其他地区的妇女深受传统礼教的规约形成了明显区别。她们的脚经常被芒箕、藜扎得伤痕累累。

壮哉！客家女性。

（注：陈思呈对本文亦有贡献）

附录

龙川年表

新石器时期	龙川大地已有人类繁衍生息。
公元前 214 年	秦平南越，置龙川县，赵佗为令，属南海郡。其时龙川县地辽阔，包括今之粤东大部分地区，亦涵盖闽、赣、湘等地小部分区域。龙川之名沿用至今，为全国保留最古县名的县份之一，素有“珠江东水开端，岭南古县第一”之称谓。
公元前 208 年	南海郡尉任嚣病亡后，赵佗从龙川出发，代南海尉。
公元前 203 年	依靠南海郡傍山靠海、有险可据的有利地形，赵佗起兵兼并桂林郡和象郡，在岭南地区建立南越国，自称“南越武王”。龙川归属于南越国。
公元前 196 年	赵佗归汉，保留封地，龙川县仍属南越国辖地。
公元前 111 年	汉平南越，设置交趾部，龙川属交趾部南海郡。
公元 203 年	改交趾为交州，龙川属南海郡。
公元 213 年	改交州为荆州，龙川仍属南海郡，为荆州所辖。
公元 226 年	吴分南海郡置广州，不久又并为交州，龙川属南海郡。
公元 331 年	南海郡析置东官（东莞）郡，龙川析置兴宁县，仍属南海郡。
公元 366 年	龙川析置雷乡县，均属南海郡。
公元 420 年至 479 年	撤雷乡并入龙川县。
公元 483 年	龙川析河源、新丰县。

公元 503 年	析南海置梁化郡，龙川县析置雷乡县，均属梁化郡。
公元 590 年	废梁化郡，置循州，取循江为名。
公元 591 年	总管府迁于归善，龙川并入河源县。
公元 605 年	废循州置龙川郡。
公元 622 年	废龙川郡复循州。
公元 627 年	置岭南道，循州属之。
公元 691 年	废循州置雷乡郡，复雷乡县。
公元 742 年	改雷乡郡为海丰郡。
公元 758 年	废海丰郡复循州。
公元 917 年	循州析置祯州，循州治所迁设雷乡县（今龙川佗城），州县并存，仅辖雷乡县。
公元 971 年	设置广南东路，撤雷乡复龙川县，属循州。
公元 1120 年	龙川改雷江县，属循州。
公元 1133 年	废雷江复龙川县，属循州。
公元 1276 年	废广南东路，设置江西行中书省广东道，循州改路，治所仍设龙川城（今佗城）。

公元 1286 年	循州路降为散州，龙川属循州。
公元 1368 年	设置广东行中书省，惠州路改府，循州仍存，龙川属循州。翌年，废循州并入惠州府，龙川属之。
公元 1518 年	龙川析置和平县，均属惠州府。至此，龙川辖区成定局，此后无变化。
公元 1731 年	龙川属惠州府。
公元 1875 年	设置惠嘉潮道，龙川仍属惠州府。
公元 1913 年	废广东布政使司和惠州府，设置广东都督府潮循道，龙川属之。
公元 1926 年	龙川属广东省东江行政委员会。
公元 1929 年 1 月	中共龙川县临时工作委员会和龙川县临时革委会在大塘肚成立，同时建立县游击大队；3 月，五兴龙三县工农委兵代表大会在大塘肚召开，成立五兴龙县苏维埃政府，决定将东江、龙川、兴宁县游击大队合编为五兴龙县游击大队。
公元 1931 年	龙川属广东省东江绥靖专员公署。
公元 1937 年	龙川属广东省第四行政专员公署。
公元 1942 年	香港文化名人与民主人士大营救中，龙川老隆成为重要中转站，茅盾、邹韬奋、何香凝、柳亚子等人经这里从香港转移到内地。
公元 1943 年	广东省政府部分机关和中山大学等高校部分学系班级，因抗日战争搬迁至龙川县境。

公元 1946 年	龙川属广东省第六行政专员公署。
公元 1949 年 5 月 14 日	龙川解放，遂成为当时广东（除海南岛外）最早获得解放的县。公元 1949 年 6 月 1 日，中共龙川县委、龙川县人民政府在老隆成立。从此，老隆取代佗城，成为龙川县治所在地。
公元 1949 年 10 月 1 日	中华人民共和国成立，龙川属广东省东江行政委员会。翌年，属东江行政专员公署。
公元 1952 年	龙川属粤东行政专员公署。
公元 1956 年	龙川属惠阳地区专员公署。
公元 1959 年	龙川属韶关地区专员公署。
公元 1963 年	恢复惠阳地区专员公署，龙川属之。
公元 1968 年	龙川属惠阳地区革命委员会。
公元 1981 年至 1987 年	龙川属惠阳地区专员公署。
公元 1988 年 1 月	撤销惠阳地区专员公署，分设惠州、河源、汕尾、东莞 4 个市，龙川隶属河源市。

（参考资料：《龙川县志》《龙川古道》）

参考文献

周振甫 译注
《诗经译释》
中华书局 2013 年版

司马迁
《史记》
中华书局 2006 年版

顾迁 译注
《淮南子》
中华书局 2009 年版

班固
《汉书》
中华书局 2007 年版

苏辙
《龙川略志·龙川别志》
中华书局 1982 年版

苏辙
《苏辙集》
中华书局 1990 年版

毛泽东
《毛泽东选集》(第 1 卷)
人民出版社 1991 年版

谭其骧
《中国历史地图集》
中国地图出版社 1982 年版

谭其骧
《舆地勾稽六十年》
北京出版社 2019 年版

罗香林
《客家源流考》
中国华侨出版公司 1989 年版

罗香林
《客家研究导论》
广东人民出版社 2018 年版

中国大百科全书总编辑委员会中国地理编辑委员会
《中国大百科全书·中国地理》
中国大百科全书出版社　1993 年版

龙川县地方志编撰委员会
《龙川县志（1979—2004）》
广东人民出版社　2012 年版

政协龙川县文史资料研究委员会
《龙川文史》
（一至八辑）

司徒尚纪　**主编**
《中国地域文化通览·广东卷》
中华书局　2014 年版

曾昭璇
《广东自然地理》
广东人民出版社　2001 年版

费振刚　**选注**
《中国古代游记选》
中国旅游出版社　2000 年版

茅盾
《脱险杂记》
时代图书有限公司　1980 年版

林语堂
《苏东坡传》
群言出版社　2010 年版

张荣芳、黄淼章
《南越国史》
广东人民出版社　1995 年版

曾枣庄
《苏辙图传》
河北人民出版社　2006 年版

朱刚
《苏轼苏辙研究》
复旦大学出版社　2019 年版

季蒙、谢泳 **选编**
《胡适论教育》
安徽教育出版社 2010年版

林岗
《秦征南越论稿》
广东人民出版社 2017年版

谭元亨
《客家经典读本》
华南理工大学出版社 2010年版

谭元亨
《古色龙川》
华南理工大学出版社 2016年版

王元林
《龙川古道》
华南理工大学出版社 2016年版

刘国钰、谭元亨 **编著**
《龙川名人》
华南理工大学 2016年版

刘国钰、谭元亨 **编著**
《龙川诗文》
华南理工大学出版社 2016年版

刘凯华 **编著**
《红色龙川》
华南理工大学出版社 2016年版

刘凯华 **编著**
《黄居仁传》
中共党史出版社 2014年版

程美宝
《地域文化与国家认同——晚清以来“广东文化”观的形成》
三联书店（香港）有限公司 2018年版

蔡伟强
《抗日战争中的东江纵队》
广东人民出版社 2015年版

杨森
《广东名胜古迹辞典》
北京燕山出版社　1996 年版

屈万山　**主编**
《赫拉克里特著作残篇评注》
陕西师范大学出版社　1987 年版

广东省档案馆　**编**
《黄居仁研究史料》
广东人民出版社　1988 年版

司徒尚纪　**主编**
《中国地域文化通览·广东卷》
中华书局　2014 年版

蓝智慧、王雁峰
《中央苏区县龙川》
华南理工大学出版社　2011 年版

刘路红、段纪明
《黄居仁传》
中共党史出版社　2014 年版

王心红、叶涛
《家书抵万金：中外名人家书鉴赏》
河南人民出版社　1999 年版

中共龙川县委员会、龙川县人民政府　**编**
《龙川英烈》
1991 年版

《东江纵队志》编辑委员会
《东江纵队志》
解放军出版社　2003 年版

茅盾、韦韬
《茅盾回忆录（下）》
华文出版社　2013 年版

蔡伟强
《抗日战争中的东江纵队》
广东人民出版社　2015 年版

柳亚子
《柳亚子自述》
人民日报出版社　2012 年版

中共广东省委党史研究室、广州地区老游击战士联谊会及广州地区老游击战士联谊会东江纵队分会
《东江纵队图文集》
中共党史出版社、广州出版社　2015 年版

涂光群
《五十年文坛亲历记（1949—1999）》
辽宁教育出版社　2005 年版

黄树森　主编
《百年萧殷纪念文集》
花城出版社　2018 年版

萧殷
《萧殷自选集》
花城出版社　1984 年版

萧殷
《论生活、艺术和真实》
人民文学出版社　1980 年版

陈红云
《丹青叶脉：叶绿野图传记》
广东人民出版社　2006 年版

琨妮　编
《陈建中画集》
岭南美术出版社　2017 年版

雷蒙·威廉斯
《文化与社会》
商务印书馆　2018 年版

李秋香　主编
《宗祠》
生活·读书·新知 三联书店　2006 年版

陈晓卿
《至味在人间》
广西师范大学出版社　2016 年版

梁实秋
《谈吃》
江苏文艺出版社　2015 年版

汪曾祺
《肉食者不鄙》
中信出版集团　2018 年版

周作人
《知堂谈吃》
中华书局　2017 年版

刘晓春、王维娜、揭英丽
《客家山歌的当代传播与影响》
北京大学出版社　2010 年版